Poesías De Don Fernando De Gabriel Y Ruiz De Apodaca...

Fernando de Gabriel y Ruíz de Apodaca, Luis Segundo Huidobro

POESÍAS

DE

D. FERNANDO DE GABRIEL

Y

RUIZ DE APODACA.

SEVILLA:

Imprenta, Litografía y Librería de D. José María Geofrin,
Impresor honorario de Cámara de S. M.—Sierpes 35
1866.

POESÍAS.

Al ilustre escritor Mr.
Ch. F. Bradford,

El Autor

POESÍAS

DE

DON FERNANDO DE GABRIEL

Y RUIZ DE APODACA,

CABALLERO PROFESO DEL HÁBITO DE ALCÁNTARA,

COMANDANTE DE ARTILLERÍA,

É INDIVIDUO PREEMINENTE DE LA REAL ACADEMIA SEVILLANA

DE BUENAS LETRAS.

SEVILLA:

Imp.: Lit.ª, y Lib.ª Esp.ª y Extranj.ª de D. José María Geofrin,

Impresor honorario de Cámara de S. M.–Sierpes 35.

1865.

Derechos de propiedad reservados.

Á LA MEMORIA

DE MI VENERADO PADRE

EL SR. D. FRANCISCO JAVIER DE GABRIEL Y ESTENOZ,

Caballero del Hábito de Alcántara,

con Cruz y Placa en la Real y Militar Órden de S. Hermenegildo,

condecorado con varias cruces de distincion por acciones de guerra,

Brigadier de los Reales Ejércitos,

Gobernador Militar y Político que fué de la plaza de Badajoz, &c.

PRÓLOGO.

Extraño es verdaderamente el destino que me ha cabido en el órden literario, merced á la benevolencia de mis amigos. Si no puedo decir que, como al Cid, me hacen ganar batallas despues de muerto, porque este símil seria demasiado pretencioso, en quien jamás conquistó laureles, ni aun en los mejores tiempos de su efímera vida literaria, y ménos puede aspirar á ellos despues que ha hecho á sus deberes de familia el sacrificio de sus aficiones de hombre de letras; habré de consignar á lo ménos, en testimonio de gratitud, que los claros ingenios, que, pareciendo que aceptan el patronazgo de mi nombre, me dan efectivamente el de los suyos, han proporcionado á mi casi desconocida firma una notoriedad de que carecía, y á insignificantes escritos, borroneados rápidamente en medio de las prosáicas ocupaciones mercantiles, lectores escogidos, que de seguro no tuvieron algunos otros trabajos, si no mejores, pensados con más meditacion y ejecutados con más conciencia, cuando oscuro, pero entusiasta soldado, formaba yo en las filas de la brillante falange literaria, que jamás ha faltado en la patria de Rioja y de Lista. El prólogo á los *Estudios de Literatura y de Crítica* de D. José Fernandez Espino ha atravesado los mares, y como comentario ó sintesis, aunque ligera é imperfecta, de uno de los mejores libros de literatura de nuestro siglo, se ha visto reproducido por los periódicos del Nuevo Mundo: el prólogo á las *Poesías* de D. Fernando de Gabriel y Ruiz de Apodaca penetrará con ellas en las Academias y en los aristocráticos salones; y si lo pasan por alto los sabios, que no necesitan y tal vez desdeñan un análisis de las bellezas, que pueden comprender mejor que el que se atreve á tomar el encargo de exponerlas, acaso algun mero aficionado, ó alguna hermosa, me acepte por *Cicerone*, para introducirlo en el elegante monumento de arte, que eleva á las Musas de su juventud el militar poeta.

Como la poesía lírica es la forma esencialmente subjetiva, eminentemente individual del arte, no pueden analizarse, juzgarse, ni aun comprenderse bien sus producciones, sin entrar profundamente en el espíritu del autor, sin identificarse con sus idéas, con sus afectos, con su modo especial de pensar y de sentir. A diferencia del poeta dramático, que es más grande, cuanto mayor es el círculo moral que abrazan sus creaciones, cuanto mejor acierta á reproducir la infinita variedad del corazon humano, cuanto más sabe penetrar en los misterios de ese Protéo, que se llama la pasion, y que, idéntico en sus caractéres esenciales, se diversifica hasta lo infinito en sus formas y en sus manifestaciones individuales; el poeta lírico no puede ser profundo, verdadero, conmovedor, sino á condicion de permanecer siempre fiel á sus propios sentimientos, siempre expontáneo en el pensamiento, siempre sincero en la expresion. Por eso la poesía lírica es el principio y el fin de la série contínua, que constituye la evolucion literaria de cada civilizacion, y no brilla nunca con tan vivos resplandores, como en las épocas de fé viva, de entusiasmo ardiente, en que el génio del poeta concentra y reproduce el sentimiento universal, la idea colectiva, religiosa ó patriótica, de todo un pueblo, y en aquellas otras épocas de anarquía moral, en que disueltos todos los lazos que establecen la armonía entre las inteligencias y entre los corazones, rotas las cuerdas que hizo vibrar unísonas la voz de un Homero, de un Sófocles ó de un Calderon, el poeta solo puede pedir inspiraciones á su propio individualismo, que se desarrolla tanto más poderoso y concentrado, cuanto más imposible le es apoyarse en el mundo que le rodéa. A la verdad, este último género de inspiracion no ha sido posible sino despues del cristianismo, que desarrolló al individuo, y le permitió vivir vida propia, cuando la vida moral de la sociedad á que pertenece sufre esas crisis difíciles y laboriosas, que señalan la muerte de una forma social y la incubacion de otra nueva y más progresiva: por eso, si el mundo moderno no ha producido un Pindaro, la poesia clásica no tiene nada que comparar á los cantos melancólicos de Byron, de Lamartine, de Victor Hugo, y de Espronceda.

Tan individual como cualquiera de esos génios, cantores de la ruina de un mundo moral, De Gabriel obedece sin embargo á opuestas inspiraciones, y puede solo compararse con el penúltimo de los citados en su primera época literaria. Sus tradiciones de familia, su educacion

religiosa y social, sus opiniones políticas, su carácter idealista y caballeresco, le han hecho naturalmente simpatizar con las formas sociales
de los tiempos pasados, por más que, tolerante
é hijo de su siglo, segun él mismo dice en una
de sus más notables poesías, procure armo-
nizarlas con las condiciones y exigencias de
los presentes; y como todo sentimiento del corazon toma tanta mayor fuerza y se concentra y eleva tanto más, cuanto ménos expan-
sion encuentra en la atmósfera moral que le ro-
dea, De Gabriel es en sus poesías, no solo el
inspirado cantor de las tradiciones, sino el defensor entusiasta, no ya de las formas, pero si
de los elementos políticos y sociales legados por
otras épocas; y como el Eneas virgiliano, lucha para salvar del incendio, que devora á su
ciudad querida, los penates, bajo cuyo patronazgo espera verla renacer, fiel á su historia y
á sus gloriosos antecedentes, pero con nueva juventud, y acomodada á las necesidades de otro
siglo y de otra civilizacion. Bajo este aspecto,
su escuela es la del Duque de Frias y la del Duque de Rivas, aristócratas, militares y poetas,
como él; que encariñados por justo orgullo de
familia con las gloriosas tradiciones de su raza,
enlazando sus risueñas reminiscencias de juven-

tud, con el ejercicio de una profesion, que fué siempre la ocupacion predilecta y el elemento de poder de las clases privilegiadas, y en que la organizacion rigorosamente gerárquica perpetúa algo de las formas sociales del feudalismo, y contemplando lo pasado con la brillante mirada de la imaginacion, que se fija más en lo bello, que en lo útil y lo conveniente, confundieron en una sola aspiracion el entusiasmo retrospectivo del artista con las sérias convicciones del político, aunque sin abominar tampoco por ello de su época.

Y hé aquí cabalmente lo que pudiera formar la mayor dificultad de mi posicion, al constituirme intérprete y comentador de las obras poéticas de D. Fernando de Gabriel; dificultad que otros en mis circunstancias eludirían, pensando, acaso con razon, que las opiniones de un hombre, que en su absoluta insignificancia política no ha tenido jamás ocasion de producirlas en el terreno de la práctica, son un patrimonio exclusivamente suyo, un secreto de su vida íntima, de que el público no tiene derecho á ocuparse: pero dificultad que yo arrostro lealmente, y con tanta más franqueza, cuanto que creo, que la confesion que voy á hacer no me favorecerá demasiado en el ánimo de la mayor parte de los lectores de este interesante libro.

La idéa democrática es ciertamente, despues de la idea católica, y subordinada á ella, la verdad que más evidente aparece á los ojos de la inteligencia del que estos renglones escribe: sábenlo así los pocos, que en el seno de la intimidad han tenido ocasion de conocer los pensamientos y las convicciones de quien, acaso por no amoldarse servilmente al credo político de ningun partido, ni busca ni acepta ocasiones de hacerlas conocer en el terreno práctico de la política discusion. Y, sin embargo, puede comprender y simpatizar en el terreno del arte con las glorias y las tradiciones de las clases privilegiadas. ¿Cómo y por qué? Preciso será, aunque me aparte acaso cada vez más del objeto de este prólogo, definir cómo entiendo yo la idea democrática; porque en épocas críticas y de anarquía moral, como la que vamos atravesando, lo primero sobre que hay que ponerse de acuerdo es sobre el valor de las palabras, que universalmente se usan, y que sin embargo cada cual entiende á su manera.

La idea democrática, para los que han formado sus opiniones en la candente atmósfera de los cafés, de los clubs y de los periódicos, es en general la detestacion de toda forma social, antigua ó moderna, que no se ajusta á su ideal preconstituido; es la soberbia pretension de suponer, que la humanidad entera ha carecido de sentido comun, desde que murió el último de los Gracos, hasta que nació el filósofo de Ginebra, y que este encontró en su cabeza los títulos de la dignidad y de los derechos del hombre, que andaban completamente perdidos; es la execracion sistemática de Pontífices, Reyes, Aristocracias, de todos aquellos, en fin, que han conducido ó pretendido conducir á los pueblos, sin convocarlos cada dia en la plaza pública para preguntarles su opinion; es en muchos la confusion más deplorable de las nociones históricas, hasta considerar como demócrata á Bruto, el orgulloso defensor de las prerogativas patricias, y como tirano á César, el gran demócrata y el gran tribuno; es para algunos, pocos ya por fortuna, el espíritu de vengativa saña contra cuantos se oponen á la realizacion de sus proyectos trastornadores, y contra todas las eminencias de la Iglesia y del Estado, de la sangre y de la fortuna, la apoteósis de Robespierre y de Marat, la teoría de la guillotina como elemento reformador.

Pero para el que ha elaborado sus convicciones y sus creencias sociales y políticas léjos del estadio de la discusion activa, hartas veces anu-

blado por el polvo, que levanta la lucha de las
pasiones y de los intereses encontrados; para el
que solo ha pedido inspiraciones á su propia razon, y lecciones á la Filosofía y á la Historia,
esa gran maestra de la vida práctica, la idea democrática es cosa muy distinta, que no excluye
la admiracion ni la simpatía hácia otras formas
y otras instituciones, que le son antitéticas. A
sus ojos la democracia, como forma política y
social, es el ideal, el *desideratum*, el límite absoluto de la evolucion progresiva de la humanidad; ideal remoto, tarde y difícilmente realizable, al que solo se camina con seguridad por la
via del progreso cristiano, racional, pacífico;
ideal al que han servido, sin saberlo y sin que-
rerlo, todos los que en sus respectivas épocas
han hecho progresar á la humanidad, cualquiera que fuese la forma transitoria que le impusie-
ran. Bajo este aspecto, todos los hombres, todos
los pueblos, todas las instituciones civilizadoras,
han sido precursores y han merecido bien de la
futura democracia: la aristocracia romana, realizando la unidad material del mundo antiguo;
el imperio de los Césares, verificando la unidad
social del mismo; los bárbaros, disolviendo esta
unidad, sin aniquilarla, para dar nacimiento á
las nuevas nacionalidades, distintas é indepen-

dientes, pero unidas por vínculos comunes; la
aristocracia feudal, creando un principio de organizacion, en el seno del caos y de la anarquía;
los Emperadores Suavos y Franconios elevando
un nuevo centro de unidad enmedio del frac-
cionamiento del feudalismo; los Papas Guelfos,
defendiendo la libertad del espíritu contra la
fuerza material; los gremios, las *ligas*, las *her-
mandades*, iniciando la organizacion y la eman-
cipacion del estado llano; el absolutismo mismo,
generalizado en los siglos XVI y XVII, quebran-
tando el poder de los privilegios tradicionales,
y preparando la unidad social; las revoluciones,
destruyendo las resistencias materiales para abrir
camino á la práctica de las nuevas idéas: la Religion y la Ciencia, sobre todo, realizando el
único progreso verdadero, constante, y eternamente benéfico: la educacion de la humanidad.
Considerada así la política desde el punto de vista de la ciencia, la ciencia desde el punto de vista
de la historia, y la historia desde el punto de vista del progreso, es posible ser demócrata, y simpatizar con todo lo grande, con todo lo noble,
con todo lo útil de las pasadas generaciones, y
entonar con entusiasmo himnos de gloria á César
y á Alarico, á Cárlos Magno y á Gregorio VII, á
Guillermo Tell y á Isabel la Católica: es sobre

todo posible comprender y saludar con respeto todas las grandes figuras de la historia pátria, sin rebajarlas ni empequeñecerlas con los mezquinos y apasionados juicios del espíritu de partido; reconocer y aplaudir los inmensos servicios de las clases privilegiadas, en la obra de la reconquista y de la civilizacion nacional, aunque se créa que el privilegio ha pasado ya su tiempo de existencia, como hecho social: mirar en fin con lástima las declamaciones de ciertos escritores populares ó populacheros, contra los Obispos de los concilios góticos, contra los ricos-hombres é infanzones de Aragon y de Castilla, contra los privilegios y la prepotencia de las Órdenes militares y monásticas, y aun contra la autoridad absoluta, severa é indiscutible de Cárlos V y Felipe II; con tanta lástima, como escuchariamos al jóven, que encontrándose en la mayor edad, rico de salud, de ciencia y de fortuna, maldigese de la opresion, en que niño y adolescente le tuvieran su padre, sus maestros, su tutor, obligándole á disciplinar su inquieta y vacilante inteligencia al yugo de la educacion, sujetando sus pasiones prematuras, y administrando su caudal con tino y al abrigo de su caprichosa inexperiencia.

Pero observo, y observará con más motivo

el lector, que hablo demasiado de mí, en lugar de hablar de las poesías de D. Fernando de Gabriel. Reconozco el poco interés que la manifestacion de mis opiniones personales podrá tener para el que hojéa estas páginas, buscando en ellas el juicio crítico de las obras de un autor, mucho más digno de ocupar su atencion; pero he creido preciso hacer preceder á ese juicio una exposicion clara y sincera del criterio, que he de aplicar á esas mismas obras, con tanto más motivo, cuanto que, fiel adepto en esta parte de la escuela crítica romántica, es la idéa, más que la forma, lo que á mis ojos constituye el carácter propio, y el principal mérito de las obras de arte,

Pocas son en número las poesías exclusiva y propiamente religiosas, que contiene este volúmen; que si la fé y el amor de Dios pueden arder tan vivos bajo la coraza del soldado, como bajo el sayal del anacoreta, no es la inspiracion mística la que más naturalmente se impone á la imaginacion de un militar, hombre de sociedad; y D. Fernando de Gabriel es demasiado expontáneo, para componer una poesía, como un ejercicio de ingénio, á la manera del abate Marchena, y demasiado católico para hacer de nuestra sacrosanta Religion un tema de variaciones sentimentales y algun tanto panteistas, como Lamartine. Así, prescindiendo de las dos lindas traducciones de «LA ORACION» y «EL FARO DE DIOS», en que solo hay que alabar la exactitud en la version de un pensamiento ageno, y la suavidad y armonía de la forma, y del soneto titulado «LA SANTA CRUZ» que es casi tanto patriótico como religioso, la musa de San Juan de la Cruz y de Fray Luis de Leon solamente ha inspirado á De Gabriel los tres sonetos «Á LA EUCARISTÍA,» «DIOS Y EL HOMBRE», y «Á LA PURÍSIMA CONCEPCION» y el himno «A LA EXPECTACION DE LA SANTÍSIMA VÍRGEN.» Todos se distinguen por la sobriedad de adornos extraños á la esencia del Misterio que celebran, sobriedad tan recomendada por el sabio é inolvidable Lista, que consideraba como del todo impropia de la magestad de la poesía religiosa la exagerada divagacion por las regiones del sentimentalismo naturalista, en que anegan un pensamiento más ó ménos ortodóxo los numerosos adeptos del autor de las «MEDITACIONES POÉTICAS.»

Pero no es acaso en las composiciones de objeto esencialmente religioso en las que brilla más la fé robusta y viva del que lleva sobre su pecho la cruz de una de las Órdenes Militares, no

3

solo como un timbre de aristocrática ascendencia, ni como una distincion que halague su amor
propio, sino con el verdadero espíritu de vene-
racion caballeresca, que animó á los compañeros del santo Abad de Fitero. En las poesías donde el autor, ménos dominado por la magestad del
asunto, puede dar rienda suelta á su individualidad, brota expontánea y viva por todas partes
la confesion de una creencia profundamente ar-
raigada en la inteligencia y en el corazon del
poeta. El que ha escrito la bellísima y herreriana
Oda «A LA SEÑORITA DOÑA CATALINA DE ARIZON,»
crée y siente que las epidemias son un azote de
Dios, y no un mero fenómeno de la accion fatal
de las causas naturales, como crée y siente que en
la curacion de un moribundo puede haber, más
que una crísis de la vida orgánica, la intervencion
de un poder providencial, que no es indiferente
al ruego del amor y de la fé: el que consuela á
D. Manuel Pérez de Molina en la muerte de su
hijo, halla en sus convicciones frases harto más
profundas, y que penetran el corazon de un
padre infinitamente más, que las que una vulgar filosofía pudo inspirar á Malherbe y á sus
innumerables copistas; el que anticipa á todos
sus deséos para el porvenir de su tierno hijo, el
de verlo fiel á la religion de sus mayores, tiene

siempre ante sus ojos la expresion del Evangelio: «*quid prodest homini, si mundum universum lucretur, animœ vero suœ detrimentum patiatur?*

Las poesías amatorias de este autor son tambien la sincera expresion de un sentimiento verdadero, sinceridad que por otra parte es un mérito general en los buenos poetas liricos de nuestra época, y que no ha contribuido poco á dar novedad é interés á un género, que habian llegado á hacer algun tanto monótono, y á veces soporifero, los imitadores clásicos de Tibulo y de Petrarca. No hay acaso pasion que desarrolle más vivamente la individualidad, que el amor, y no hay nada más difícil, por lo mismo, que imitar su lenguage, y que hacer interesante el que no siente quien lo canta: así, desde que ha pasado la moda de los amores imaginarios, el lector bosteza involuntariamente con las amaneradas endechas, que el soñado desden de una Fílis fantástica inspiraba en los siglos XVI y XVII á algun buen sacerdote, modelo de las castas virtudes de su estado, ó á algun juicioso sexagenario, miéntras que simpatiza, y goza, y padece con el epitalamio de amor apasionado, que el vehemente Byron dirigió á su esposa, en los breves dias de su felicidad conyugal, con los

melancólicos acentos que Lamartine exhala sobre la losa de la pobre pescadora, cuyo último
sueño arrullan las brisas de Sorrento, y aun con
el amargo canto, que recuerdos de dolor, y acaso
de remordimiento, hicieron al autor del *Diablo
Mundo* intercalar en su escéptico poema.

Sin duda D. Fernando de Gabriel ha tenido,
entre otras dichas, que merecidamente le brinda
la suerte, la de no amar en la acepcion verdadera de esta palabra más que una vez, co-
locar bien su amor, y verlo coronado por el
único premio, que puede alcanzarse sin depri-
mir al objeto de su pasion, y sin remordimiento:
por lo ménos en esta compilacion no se insertan,
ni el autor de estos renglones conoce otras poesías amatorias del mismo escritor, que las que
ha dirigido á la que es hoy su digna esposa. Su
fecha relativa puede colegirse de su estilo y
carácter: la composicion «EN LAS MÁRGENES DEL
GUADALQUIVIR», es la aspiracion entusiasta, un
tanto vaga, y por lo mismo exhuberante de
poesía, que reside tanto en la imaginacion
como en el sentimiento, es en una palabra
el primer suspiro de amor: la que lleva por
título, «A ELISA" es acaso más vehemente, pero más sencilla; ella y «LA VUELTA DE ELISA"
revelan el predominio del corazon sobre la

mente en un amor feliz, correspondido y no contrariado; y por último, en el lindo soneto «A MI DULCE COMPAÑERA" el poeta ha tenido el buen gusto de desmentir la frase de un escritor escéptico, qne podrá ser ingeniosa, pero que no es ni moral ni verdadera, y de demostrar que su amor no se ha sepultado en lo que este llamó *el sepulcro de la posesion.*

No es el amor conyugal el único de los dulces y santos lazos de la familia que ha inspirado las poesias de D. Fernando de Gabriel: un canto de sentida, religiosa y justa gratitud á su dignísima madre, recuerdos de legítimo y filial orgullo por los bien ganados tímbres de los varones de su raza, en la epístola al Marqués de Arizon y en el soneto á la memoria del general Ruiz de Apodaca, y por último el tierno y lindísimo romance á su hijo Gonzalo, son otras tantas poéticas expansiones del corazon de un autor, que solo canta lo que siente y como siente.

No faltará tal vez, entre los críticos idólatras de la forma convencional, entre los adeptos de esa escuela de mezquinas proporciones, que censuraba á Voltaire por hacer sonar el cañon, en la escena solo acostumbrada á los héroes griegos y romanos, y hallaba contrario á la dignidad teatral que un personage se presentase en las tablas con el brazo en cabestrillo, no faltará tal vez, repito, entre esos literatos que consultan con los libros si es legítima la emocion que sienten, y conforme á las reglas el placer que experimentan, quien gradúe de pueriles algunas de las más tiernas y sentidas estrofas de esta última composicion, y juzgue erradamente, que la naturalidad desciende en ellas por bajo del nivel que permite la frase poética. Para ellos invocaré el ejemplo de Juan Rufo Gutierre, en una composicion de análogo objeto, y en una época en que la imitacion clásica esclavizaba harto más que hoy las leyes del buen gusto: para los hombres de sentimiento, sobre todo si son padres, no es necesario justificar lo que, léjos de ser un defecto, constituye la mayor belleza, de que es susceptible este poco cultivado género. Como el jurado de Córdoba, De Gabriel eleva con maestría y sin violencia el tono de su composicion; y la que empieza sencillo y candoroso desahogo del amor de padre, concluye profunda y filosófica leccion de moral religiosa y social.

Tiempo es ya de ocuparme de las poesías politicas y sociales del autor, que caracterizan al hombre público, como las que acabo de analizar caracterizan al hombre privado, retratando al fiel creyente, al buen esposo, al hijo y padre cariñoso y tierno. D. Fernando de Gabriel es siempre en ellas español ántes que todo; monárquico leal y entusiasta, pero sin que jamás se confundan sus varoniles acentos con los de la adulacion; aristócrata de convicciones como de sangre, mas sin que aparezca nunca en sus palabras idéa alguna de jactancia, ni ménos de desden hácia otras clases: amante de la tradicion, no aspira, sin embargo, á inmovilizar la humanidad, á reproducir en la práctica formas sociales antiguas y envejecidas, á copiar servilmente instituciones que pasaron; ni mucho ménos confunde en un fanático anatema todas las creaciones de los siglos modernos, todas las nuevas fórmulas prácticas á que han dado orígen nuevos tiempos y nuevas necesidades; no niega el progreso, aspira solo á que este acepte como punto de partida lo pasado, y lo armonice, sin destruirlo, con las aspiraciones de lo porvenir: bellísima utópia, que acaso es posible en los paises que, como Inglaterra, no han roto nunca por completo la escala de la tradicion; pero que difícilmente, á mi entender, aspirarán á realizar los pueblos latinos, que en pleno siglo XIX están por desgracia ménos adelantados en prácticas de ordenada libertad, que lo estuvieron la monarquía constitucional de la dinastía de Trastamara, y las repúblicas de Génova y de Florencia. Justo es, sin embargo, apreciar una aspiracion generosa, aunque se gradúe con dolor de no muy realizable, y no confundir bajo el comun epíteto de reaccionarios á todos los que no entienden la libertad á la francesa, como, con más vehemencia que equidad, se acostumbra en el campo de la discusion periodística.

Español ántes que todo, son las glorias nacionales las que con más entusiasmo hacen vibrar la lira de D. Fernando de Gabriel. Al felicitar á una ilustre española por su elevacion al trono de la nacion vecina, recuerda que dos de los mas grandes monarcas franceses llevaron sangre española en sus venas; y quiere que el futuro Emperador se enorgullezca con la de Giron y de Guzman, tanto como con la del que elevó un trono sobre los laureles de Lodi y de Arcola: al rendir merecido homenage á las cristianas virtudes y eminentes prendas de los Infantes Duques de Montpensier, coloca en muy preferente lugar, entre sus títulos á la gratitud nacional, su celo por la restauracion de los monumentos de nuestras glorias tradicionales, la capilla de Nuestra Señora de Valme, el convento de la Rábida, la casa de Hernan Cortés; la despedida de un amigo, que cruza los mares en demanda de nuestras Antillas, le sirve de ocasion para recordar las glorias de Isabel la Católica y de los heróicos conquistadores del Nuevo Mundo; saluda con efusion el despertar del Leon, cuando vé á nuestra patria preparar simultáneamente tres expediciones en desagravio de su bandera; y la guerra de Africa, esa magnífica continuacion de la épica empresa de los siete siglos, que aplaudieron con delirio y vieron abortar con pena cuantos miran en las empresas políticas algo más que el dinero que cuestan y el que producen, le inspira acentos de poético entusiasmo en las octavas «A LA ENTRADA EN SEVILLA DEL REGIMIENTO DE LEON" y en los sonetos «A LA TOMA DE TETUAN," y «AL REGIMIENTO DE HÚSARES DE LA PRINCESA." En el soneto al «DOS DE MAYO," uno de los mejores del autor, á las nobles inspiraciones del patriotismo se enlazan las del justo orgullo, que inspiran al artillero los bien ganados timbres del distinguido cuerpo á que pertenece; y el que lleva por título «GIBRALTAR" destila la profunda amargura, que todo corazon español siente, al ver violada la integridad del territorio nacional, por esa fortaleza, cáncer corrosivo de nuestra honra.

Pero los acentos más calorosos que el patriotismo inspira á De Gabriel, son aquellos en que defiende á su pais de los cargos, que la magistral ligereza de muchos extrangeros, y la intolerancia de no pocos nacionales acumulan sobre la sociedad española de los siglos pasados, representándola como un convento tenebroso, regido por el miedo, bajo el látigo de un déspota y de un inquisidor. Tan falsa pintura, que haría reir, si no indignara, á los que han estudiado la historia algo más que en los folletos y en las novelas francesas, es digna y virilmente rechazada por el autor en multiplicados pasages de sus poesías; en que acaso prodiga á su vez la admiracion y el elogio á épocas, que, si no fueron tales como sus detractores las retratan, distan de merecer, en mi juicio, todo el ditirámbico entusiasmo que inspiran á De Gabriel; no pudiendo tomarse en absoluto como el mejor termómetro del estado social el progreso de las letras y de las artes, que, siguiendo en su desarrollo el impulso comunicado por épocas de libertad y de verdadera grandeza, suelen venir á iluminar con sus más vivos resplandores el principio de todas las decadencias, y á cubrir por algun tiempo con su espléndido manto la gangrena social, brillando en todo su apogéo

con Perícles, cuando declinaban todas las virtudes políticas en Grecia; con Augusto, cuando la
inmoralidad romana oscurecía las torpezas de
Pentápolis, y la servil afeminacion de Babi-
lonia; con los Médicis, cuando las libertades
italianas agonizaban y el sentimiento cristiano
padecía su más peligroso eclipse; y con Luis XIV,
cuando el cetro de San Luis rodaba en los *bou-
doirs* de insolentes favoritas: sin que por esto
sea mi propósito comparar con estas épocas, y
ménos que todo con la última, á la España de
los monarcas austriacos, cuya degradacion, de
otro órden en verdad, no coincidió por cierto
con el siglo de Garcilaso, de los Luises de Leon
y de Granada, de los Herreras y Argensólas, de
Moráles, de Mariana, de Ercilla, de Lope y de
Cervàntes, aunque bien sí la alcanzáran Calderon y Murillo, y aun Moreto y Velázquez.

Pero si para el autor de estos renglones, ni la
gloria militar en que ahogó la monarquía aus-
triaca el recuerdo de las libertades nacionales so-
focadas, ni los triunfos literarios y artísticos, que
la acompañaron, son una compensacion suficien-
te del extravío que la civilizacion española sufrió
de su natural, legítima y genuina direccion,
desde que le imprimió su impulso personal, lan-
zándola en las aventuras de la política européa,

el César de Gante; no por eso es ménos cierto, que los juicios históricos del poeta que comento, se aproximan harto más á la imparcialidad del criterio histórico, que las amargas censuras, apoyadas por lo comun en falsas generalidades, que en coro entonan contra la dinastía austroespañola los franceses, á quienes humilló, y los protestantes, á quienes combatió, y de que se hace eco cierto liberalismo intolerante, que no comprende que el espíritu nacional y la opinion pública de la España del siglo XVI son solidariamente responsables de todos los hechos de aquella monarquía, y que Felipe III al expulsar á los moriscos, y aun Felipe II, al sofocar con ruda mano la heregía, hubieran podido decir, parodiando anticipadamente una frase célebre: «cúmplase la voluntad nacional."

En la poesía dedicada á D. José Fernández-Espino, De Gabriel toma ocasion de las altas funciones del magisterio, que su amigo dignamente ejerce, para pedir que no se adulteren los hechos, que no se desnaturalicen las nociones históricas, ni se extravíen los sentimientos de las nuevas generaciones, enseñándolas á renegar de las que las precedieron, sin estudiarlas y sin conocerlas; y revuélvese luego en viril indignacion contra los pueblos, que censurando

con envidiosa exageracion errores é imperfec-
ciones; de que ninguna civilizacion está exenta,
afectan olvidar las nobles víctimas, que los adúl-
teros caprichos de Enrique VIII, mal disfrazados
con capa de religion, sacrificaron en los patí-
bulos de Inglaterra, las que expiraron en las
hogueras de Ginebra, por haber tomado por lo
sério la libertad de conciencia, tan proclamada
por los fundadores del protestantismo, los hor-
rores en que calvinistas y católicos rivalizaron
en la guerra civil de las Cevénnas; y más recientemente las sangrientas hecatombes que hu-
mearon ante los altares de la Diosa Razon. Así
tambien en las magníficas octavas, «A LA INAU-
GURACION DE LA ESTATUA DE MURILLO", devuelve
á Quintana, con oportuna antífrasis, los deni-
grantes versos que en un arranque hiperbólico
de política intolerancia arrojó contra el gran-
dioso monumento de Herrera, estigmatizando
con suprema injusticia al grande artista, que
nunca hubiera debido negar su cooperacion para
elevar un templo al Dios verdadero, y un padron de gloria á las armas victoriosas de su pátria, aun cuando el Rey, que solicitara el concurso de sus talentos, hubiera sido en realidad
el más infame de los hombres, suposicion que
De Gabriel combate en sus notas, con la auto-

ridad de nombres, no ménos ilustres en la historia del liberalismo contemporáneo, que el del laureado poeta.

El mismo espíritu de política tolerancia, y de justicia, que hace á De Gabriel confesar explícitamente, que errores y extravíos pudieron deslustrar las más brillantes fases de nuestra historia, como deslustran todo aquello que es obra de la expontaneidad humana, y como tal, manifestacion de la actividad de un sér imperfecto, modera las aristocráticas convicciones y sentimientos, que la tradicion de raza ha comunicado á este poeta; y si en el soneto «A LAS CUATRO ÓR-DENES MILITARES," fidelísimo retrato de estas por otra parte, infiere de las glorias de una institucion, que correspondía admirablemente á las necesidades de otra época, un augurio de perpetuidad, que nuevas aspiraciones y nuevas condiciones sociales no cumplirán probablemente, y si en otros muchos pasages de sus poesias destella el legítimo, y, en sus lábios, nunca ofensivo orgullo por los claros hechos de sus antepasados, (sentimiento harto natural, y que en los hombres y en los pueblos que profesan el culto de la familia, se abre paso aún en medio de las más democráticas instituciones), y el deséo de que las clases privilegiadas por

la tradicion conserven este mismo privilegio
mostrándose dignas de él y marchando á la
cabeza de todo adelanto social; tambien el entusiasmo por los triunfos literarios de un amigo, le hace exclamar, tan noble como expon-
táneamente, que es mayor la gloria de quien
solo se debe á si mismo educacion, ciencia y honores, que la de aquel á quien levantan desde
la infancia sobre un pedestal, méritos de pasadas generaciones; confesion digna de un caballero español, de un hijo de este país, donde los
privilegiados de nacimiento han abierto siempre
sus filas al génio y al heroismo, desde el piloto
de oscura extraccion que fué gran almirante de
las flotas de Isabel la Católica, hasta el soldado
de fortuna que en nuestros dias se ha sentado en
las gradas del Trono; confesion equivalente á la
feliz frase del General de la República Francesa,
que decia á un noble de antigua raza: «*Je suis
un ancêtre;*" y que contrasta con la repugnante
inconsecuencia, con que en el calor de la contienda politica, y por hombres que hacen alarde
de profesar principios de igualdad social, se ar-
roja á la frente del adversario la humildad de su
orígen, y se ha arrojado á la del mismo literato á
quien De Gabriel ensalza, el recuerdo de la modesta profesion en que pasó su primera juventud,

como una depresion, si no como una injuria.

Así tambien, elevándose á grande altura sobre el mezquino y apasionado criterio de nuestros hombres de partido, que si son amigos de la revolucion llaman *bandoleros* á los defensores de la autonomía napolitana, que Prudhon reconoce, y si partidarios de la autoridad á todo trance, se atreven á defender la legitimidad de las consecuencias de los impíos tratados de San Petersburgo y de Campo-Formio, De Gabriel expresa en sus versos la más ardiente y justa simpatia por la causa de la infeliz Polonia, de esa heróica nacion, que reune en una misma bandera la defensa de su católica religion y de su injustamente aherrojada independencia; á cuya lucha han llamado prolongado martirio los sucesores de San Pedro; y á quien no se concibe que tengan valor de escarnecer, ni aun de tratar con indiferencia, escritores españoles, cuyo entusiasmo no reconoce límites, cuando aluden á nuestra guerra contra Napoleon, no más santa ni más justa, por ser más afortunada.

Entrando con tan nobles idéas, con tanta buena fé y con tan vírgenes sentimientos en el estadio de la política militante, donde, como representante del pais, hubo, no há mucho, de penetrar, ¡cuánto ha debido sufrir D. Fernando de Gabriel! La ardiente lucha de los partidos hubiérale tal vez brindado entusiasmo y atractivos en 1812, en 1820 ó en 1837, cuando bien definidas las banderas políticas, vigorosamente organizadas las parcialidades, cada una con un símbolo venerado, con fé y con abnegacion, se combatía, no solo por el mando, sino más especialmente por imprimir á la marcha social el impulso de las propias idéas. Pero le ha tocado, por desgracia, tomar asiento por primera vez en el santuario de las leyes en una época de desorganizacion política y descreimiento: cuando retraidos de la lucha legal los partidos radicales, y alguno cuyas tendencias no se definen hoy con entera claridad, el combate versa ménos sobre principios, que sobre cuestiones de aplicacion práctica, y sobre personalidades; á la noble y fecunda discusion de las idéas ha visto sustituirse una triste reciprocidad de recriminaciones, por todos más ó ménos merecidas: y ha sentido oprimirse su corazon, y subir el rubor á su frente, al ver la inconsecuencia y poca fé de grupos políticos, que proclaman siempre en la oposicion lo que en el poder jamás practican; la insultante osadía con que mútuamente se niegan, no solo la sinceridad de sus convicciones, sino hasta la probidad de sus pro-

cederes; y en fin, la cínica y degradante arit-
mética, con que recíprocamente se ajustan, como prenda y motivo de sus actitudes ministe-
riales ú oposicionistas, los sueldos que ganaron
ó perdieron en el último cambio de gabinete.
Por eso, al sentir salpicar ese fango sobre su
toga de legislador, que aspira á legar á sus
hijos tan pura y tan honrada como su militar
uniforme y como la venera que lo esmalta, tradicional insignia del honor castellano, exhaló
una sentida queja en el romance «A FERNAN
CABALLERO,'' amarga á la vez que generosa inspiracion de su breve campaña política.

Aun hay en el alma de D. Fernando de Gabriel, despues de la fé religiosa, del amor de
la familia, del patriotismo, y de las politicas
convicciones, otro sentimiento enérgico y profundo, que no podia ménos de inspirarle un
canto de entusiásmo: el amor de la gloria. Militar y poeta, ha de simpatizar con la doble
emulacion de los que han seguido con igual fortuna las banderas de Marte y las de Apolo; brillante pléyada, que en nuestro país, esencialmente idealista, y sobre todo en la época de
exaltacion, que iniciaron los caballerescos tor-
néos de la Vega de Granada y de los pantanos
de Barletta, y los milagros del génio de Colon,

Gonzalo de Córdoba, Cortés y Pizarro, comprende casi el mayor número de los nombres ilustres del Pindo castellano. Por eso en la epístola «AL MARQUÉS DE CASA-ARIZON," con erudita oportunidad y legítima complacencia recuerda ese estrecho maridage de las armas y de las letras españolas, agrupando con tino las más realzadas figuras de tan gloriosa falange; caracterizando con rara destreza, en breves y poéticas frases, tan adecuadas, como distantes de la confusion y de la monotonía, difíciles de evitar en la repeticion de parecidas circunstancias, el vário génio de los grandes maestros de la lírica, del drama, de la epopeya y de la novela española; y tributando luego el merecido honor á los que hasta nuestros dias han continuado enlazando el laurel del guerrero al del poeta; número entre el cual casi rehusa colocarse, con una modestia, que bastarian á calificar de injusta los brillantes períodos en que, al expresarla, recuerda las glorias de su familia y de su ciudad natal. Y á propósito de esta poesía, séame permitido consignar aquí, como un nuevo y justo homenage al espíritu de verdadera tolerancia que reina en las poesías, como en el carácter, de D. Fernando de Gabriel, que entre los que se proclaman apóstoles de esa virtud,

no habría muchos, que aludiesen á los hechos
de armas de un soldado de Bessieres ó del Siete
de Julio, con la frase benévola y hasta simpática,
que el nieto de un Virey y el hijo de un Gobernador militar y político del antiguo régimen
empléa para recordar el bautismo de sangre del
compañero de Chapalangarra.

Hasta aqui he considerado las poesías que
contiene este libro, casi exclusivamente bajo el
punto de vista del pensamiento que entrañan.
Hora es de decir algo de la forma; que si no
constituye todo el arte, como erradamente juz-
gan algunas escuelas críticas, es por lo ménos
su sello distintivo, y lo que separa sus obras de
las elucubraciones puramente intelectuales ó fi-
losóficas; sin lo cual el poema del Cid se consi-
deraría superior á la Araucana, y el Brahm
enroscado en circulo de algun relieve indostáni-
co merecería la preferencia sobre el Apolo de
Belvedere.

Severo y sóbrio de adornos, enérgico y con-
ciso en la expresion, y aun violando á sabien-
das ciertos preceptos secundarios de la eufonía,
por más que solo raras y justificadas veces y
sin que por esto deje de ser siempre castizo,
correcto y puro en su lenguaje, manifiesta De
Gabriel en las poesías en que domina un ele-

vado pensamiento religioso, moral ó político, la justa preferencia que en semejantes asuntos han dado al fondo sobre ciertos accidentes de la forma nuestros mejores clásicos (*); pero demuestra bien que tal proceder nace exclusivamente de su resolucion de no sacrificar nunca la claridad, exactitud y fuerza de la idéa á otras consideraciones de menor importancia, por la riqueza y galanura de la frase poética, la propiedad y brillantez de las imágenes, y el número y cadencia de la versificacion, que avaloran especialmente aquellas poesías, en que el autor, ménos obligado á sujetarse á la índole filosófica y austéra del asunto, es más dueño de la composicion de sus cuadros, y de la rotundidad y armonía de sus períodos.

¿Qué pintura más realzada y brillante puede

(*) Para que no se créa arbitraria mi afirmacion, quiero citar algunos ejemplos, y no necesito buscarlos fuera de las poesias mas conocidas, y que andan en manos de todos. En la cancion de Herrera á la batalla de Lepanto, al fin de la primera estancia, hay cinco versos seguidos asonantados, cosa que por cierto no se consentiria hoy á ningun poeta digno de este nombre: versos tan duros y llenos de sílabas que se chocan como estos:

Que tanto ódio te tiene, en nuestro estrago,

. . . .
Temerá el fuego y la asta violenta
Y el humo subirá á la luz del cielo.

En la cancion de L. de Argensola á la canonizacion de San Diego, una CADENCIA SEMEJANTE, tan ridícula como esta:

Por contemplar las ARAS de ORO ricas.

La silva moral de Lope de Vega, titulada el Siglo de oro, concluye con este endecasílabo, cuyos acentos no pueden estar peor repartidos:

Subióse en hombros de sí misma al cielo. &. &.

¿Creérase que el oido de tan eminentes poetas no les avisó estos descuidos? Conociéronlos sin duda, pero los tuvieron por menor mal, que desfigurar ó atormentar la espresion de su pensamiento.

trazarse del Arte español en su apogéo, qué más ardiente y ditirámbica apoteósis del génio del que con razon se llama el Pintor del Cielo, que las primeras estrofas de la oda «A MURILLO;" ni qué mayor esfuerzo cabe de la imaginacion poética, que el que luce en las últimas octavas de la misma, transformando en interesante palenque de dramáticas emociones la vulgar escena de una venta en pública subasta? ¿Qué modelo más acabado de poesía descriptiva que el romance «A UN AMIGO CON MOTIVO DE SU PARTIDA DEL CASTILLO DE GIGONZA," en que se retrata con pintoresca verdad la rica meridional vegetacion de las dehesas andaluzas, sus variados efectos de naturaleza silvestre y cultivada, sus acres aromas, y sus misteriosas armonías; y en que recuerdos históricos y pinceladas de costumbres, sóbria y hábilmente distribuidas, vienen á animar y dar carácter al paisage, como figuras esparcidas en un lienzo por la mano maestra de Salvator Rosa ó del Poussino? ¿Qué cuadro más ideal, qué representacion más viva de la brillante fantasmagoría con que la imaginacion, excitada por el doble poder de la juventud y del amor, engalana y transforma la naturaleza material, que las primeras estancias de la poesía «EN LAS MÁRGENES DEL GUADALQUIVIR"?

Y en fin, ¿quién ha retratado las inocentes gracias, los sencillos encantos de la infancia, con
tan perfecta naturalidad, y con tan sentida ternura, como De Gabriel en el romance á su hijo
Gonzalo?

Si en vez de un prólogo, escribiese estos
renglones para analizar en un periódico literario
las poesías de D. Fernando de Gabriel, y dar idéa
de su mérito á quien no las tuviese ante la vista,
no los terminaria sin citar algunas de las más felices inspiraciones y de los más armoniosos versos de este poeta, y para ello tendria que trans-
cribir casi enteras las cuatro poesías que acabo
de citar, no ménos que las dedicadas «A Eugenia
de Guzman" «Al Marqués de Casa—Arizon" y «A
D.ª Catalina de Arizon," á «Dos Hijos de Reyes,"
«A D. José Fernandez-Espino," «A D. Tomás de Reina," «A Polonia," y los sonetos «A la fiesta de la
Eucaristía," «A Gibraltar," «Dos de Mayo," «A
las cuatro Ordenes Militares" y «A mi dulce compañera." Pero ¿á qué desparramar aquí algunas
flores, que parecerán mejor en el ramillete, en que
su autor las ha agrupado? Sobrado tiempo he en-
tretenido la justa impaciencia del lector en el ves-
tíbulo del artistico monumento: dejémosle ya penetrar en él, y admirar por sí mismo sus bellezas.

L. S. Huidobro.

POESÍAS VÁRIAS.

EN LA EXPECTACION *Festival in honor of the Virgin. nº 18?*

DE LA SANTÍSIMA VÍRGEN.

HIMNO.

I.

Alcemos gozosos,
En álas del viento,
El férvido acento
Al trono de Dios.
Suspenso ya el mundo
Espera anhelante
El célico instante
Que anunció Jacob.

Cese, Israel, tu quebranto,
Mira cercano el gran dia
Que pondrá fin á tu llanto:
Ya del Espíritu Santo
La gracia sintió María.

De la tierra orgullo y gala,
Vaso insigne de ventura
Que celeste aroma exhala,
Madre excelsa, Vírgen pura,
¡Qué placer al tuyo iguala!

¡Oh asombrosa maravilla!
En el regalado seno
De la Vírgen sin mancilla
Mora Aquel á quien se humilla
De respeto el Orbe lleno.

¡Cuán grande, Señor, te ostentas!
¡Qué infinita es tu bondad!
Por la humana libertad
Tú, que en las nubes te asientas,
Ocultas tu Magestad!

II.

Alcemos gozosos,
En álas del viento,
El férvido acento
Al Trono de Dios.
Mirad á María
En gloria bañada;
No así en la alborada
Brilló nunca el Sol.

Madre Vírgen soberana,
De los hombres protectora,
De los Ángeles señora,
Fuente viva, donde mana
Consuelo eterno al que llora;

¡Cuál te abrasa en llama pía
Del Señor el santo fuego!
¡Cuán inmensa es tu alegría!
Porque llegue el fausto dia
¡Cuál á Dios alzas el ruego!

De tu amante Esposo al lado
A Belén tu pié se mueve:
Allí ¡oh mengua! despiadado,
Por el Averno inspirado,
Os rechaza el pueblo aleve.

¡Oh Madre! ¡Oh gran Patriarca!
Reprimid vuestro dolor.
Pronto os rendirán su amor
Desde el sencillo pastor
Al poderoso Monarca.

III.

Alcemos gozosos,
En álas del viento
El férvido acento
Al trono de Dios.
¡Paz á los humanos!
¡Gloria en las alturas!
Venid, criaturas,
En torno al Señor!

Tiende el manto de zafiro
La augusta noche estrellada;
La Luna en plácido giro
Dobla su luz nacarada,
Vaga del áura el suspiro.

Ya al humilde portal llega
La que ensalzan tierra y cielo;
Su dulce semblante riega
Llanto de gozo, despliega
En torno el querub su vuelo.

Suena angélica armonía
Que difunde raudo el viento
Y el cielo á la tierra envía;
Rasga el alto firmamento
Luz que envidia la del dia.

¡Oh momento celestial!
¡Oh placer nunca sentido!
¡Oh Israel, mira vencido
El negro bando infernál!
Libre estás: ¡Dios ha nacido!!...

———

EL FARO DE DIOS.

Á F....

TRADUCCION DE Mr. A. DE LATOUR.   (I)

En alta mar.

Cuando una y otra vez surqué los mares
Que hora cruzando voy lejos de tí,
Dábame aliento entre las fieras ondas
El verte ¡oh mi tesoro! junto á mí.

Gozoso entónces, de las patrias costas
Al puerto del destierro navegué,
Hora solo navego, y Dios tan solo
Sabe á qué puerto al cabo arribaré.

Mas, sabiéndolo Dios, ¿qué temer puedo?
Hínchase en vano el mar en su furor,
Siempre serena y fuerte amiga diestra
Sobre él tu Faro mantendrá, ¡oh Señor!

Cuando airadas las olas se embravecen
Y todo es duelo y angustioso afán,
Álzase más enhiesto el sacro Faro
Y en el escollo sus fulgores dán.

Del que la mano del mortal enciende
Bórrase el rayo lívido al lucir,
La tempestad lo oculta entre la espuma
Y tórnanos en noche á sumergir.

Mas el tuyo, ¡oh Señor! nítida lumbre
Que sin mañana existe y sin ayer,
Es consuelo del triste y luz del alma,
Es aquel á quien llámase DEBER.

EN LAS MÁRGENES

DEL GUADALQUIVIR.

Era la tarde: trasponiendo el monte
El Sol sus tibios rayos recogía
Y de rosada luz el horizonte
En espirantes ráfagas teñía.

La brisa murmurando en la espesura
Mansa vagaba de suspiros llena,
El ruiseñor cantando su ventura
Daba al aire la voz dulce y serena.

Y allá en la márgen del undoso río
Que por la verde alfombra se dilata,
Ténue vapor exhala el centro frío
Que vuelve á descender lluvia de plata.

—

Solo yo en tanto en la feraz llanura,
Fijos los ojos en la excelsa cumbre
De admiracion sublime fuente pura,
Contemplaba del Sol la eterna lumbre.

—

Álzase entónce en ilusion divina
Á la etérea region el pensamiento
Y la beldad que adoro peregrina
Fúlgida cruza el ancho firmamento.

—

Trémulo el lábio, incierta la mirada
Y el pecho ardiente de entusiasmo henchido,
Así, turbando el áura sosegada,
Exclamé con acento dolorido:

—

"Encanto de mi ser, cándida estrella
Cuya nítida luz mis pasos guía,
Púdica flor, que misteriosa y bella
Tornas mi duelo en célica alegría;

—

"Ardo en llama de amor inextinguible
Y do quiera que voy tu imágen miro,
Eco del corazon tierno y sensible
Responda tu suspiro á mi suspiro:

—

"Mira piadosa el anhelar doliente
Que en amoroso afán agita el alma,
Y acogiendo mi súplica ferviente
Vuelve á mi pecho la perdida calma.,,

—

Oyó atenta la hermosa, y ya movía
El dulce lábio cuando blanca nube
Ocultóla á mis ojos: muere el día
Y ella á la cumbre de los Cielos sube.

———

Á ELISA.

Desde el dulce momento
En que tu lábio,
Coronando mis votos,
Dijo: „Të amo,,
   No hay en el mundo
Ventura cual la mía,
Gozo más puro.

Nace el alba, y las flores
Que ántes marchitas,
Cerrando el yerto cáliz
Tristes gemían,

   Al soplo manso
De las cándidas auras
Blanden sus tallos.

———

   Tal ¡oh Elisa! tu imágen
Al alma mía,
Como el alba á las flores
Dá nueva vida.

   ¡Fresco rocío
Para mi amante pecho
Son tus suspiros!

———

   De la celeste altura
Vívidos rayos
Al mundo el Sol envía,
Rey de los Ástros;

   Mas la mirada
De tus ojos de fuego
Dá luz al alma.

———

Melancólica y dulce
La blanca Luna
En castos esplendores
La tierra inunda;
Mas no le cedes,
Que, si lánguida miras,
¿Á quién no vences?

—

La brisa que murmura
En la enramada
Célico aroma espira
Que me embrïaga;
Pero es más grato
Tu dulcísimo aliento,
Bien que idolatro.

—

Todo cuanto en la tierra
De puro y tierno
En sus sueños, ansioso,
Finge el deséo,
En tí, bien mío,
Al amor más vehemente
Se encuentra unido.

—

Desde el dulce momento
En que tu lábio,
Coronando mis votos,
Dijo: „Të amo,,
   No hay en el mundo
Ventura cual la mía,
Gozo más puro.

———————

LA VUELTA DE ELISA.

Cuando tras largos y azarosos dias
En que lloré tu ausencia
Te ven mis ojos en la clara márgen
Del gran Guadalquivir, y de tu lábio
La que siémpre ahuyentó las penas mías,
Voz de ternura, extasïado escucho,
Mi pecho en alborozo
Se inunda, y mi mejilla
Baña una ardiente lágrima de gozo.

¡Oh de ventura delicioso instante!
Jamás la fantasía
En sus dorados sueños fingir pudo
Más célico placer. ¡Cómo el acento
Decir sabrá mi dicha, ni el semblante
Revelarla podrá! Mejor lo exprese,
Oh Elisa, tu alegría,
Que al contemplar la tuya
Comprenderás tambien la inmensa mía.

—

¡Ya más bello se ostenta cuanto miro!
El gozo de mi alma
Á todo presta peregrino encanto,
Del áura vagarosa al dulce aliento,
Del Sol fulgente al abrasado giro.
Todo lo animas tú, todo renace
Cuando la arena breve,
Envidia del aljófar,
El blando impulso de tu planta mueve.

—

¡Cuál suspiraba yo, dulce bien mío,
Por tan feliz momento!
¡Cuántas veces dichosas ilusiones
La mente fascinando enamorada
En las ardientes noches del Estío,
Verte juzgué de la modesta Luna
En el disco de plata,
Que el rio murmurante
Entre sus ondas plácidas retrata!

—

¡Cuántas veces rasgando el aire leve
Veloz el pensamiento
Á tu lado volaba, y de tus ojos,
En que su lumbre cándida y süave
La dulce estrella de la tarde bebe,
Me abrasaba en el fuego, y en mi oido
Tu acento resonaba,
Y tu adorada mano
Entre mis manos trémulo estrechaba!

—

Mas ¡ay! ¡cuál era la amargura mía,
Cuán profunda mi pena
Mis sueños al mirar desvanecidos!
¡Cuál desgarraban mi angustiado pecho
La triste realidad, la razon fría!
Tal en fiera borrasca vé el marino
Hundirse su esperanza
Cuando el rayo aniquila
El faro que brillaba en lontananza.

—

Hoy, que, tras duelo tanto, de mi frente
Bate la dicha en torno
Sus áureas alas, y los votos míos
Cúmplense al cabo, y ante mí te véo
Gozoso el corazon, llena la mente
De risueñas imágenes, contempla,
Oh Elisa, tu alegría,
Que al contemplar la tuya
Comprenderás tambien la inmensa mía.

Á EUGENIA DE GUZMAN,

EMPERATRIZ DE LOS FRANCESES,

EN EL SEGUNDO ANIVERSARIO DE SU ENLACE.

¡Oh hazaña del amor!....................
....
.... ¡Oh gloria
no enturbiada con bárbaros despojos;
de angélica hermosura
pacífica victoria
....

M. Cañete.—Oda á S. M. la Reina.

¿Qué súbito clamor rasgando el viento
De Paris por el orbe se derrama,
Y en sonorosos cantos
El nombre excelso de mi patria aclama?

¿Por qué del templo en las ingentes naves
Sube el incienso á la celeste cumbre,
Y al pié del ara llega,
Con vivo afán, inmensa muchedumbre?

Hoy es, hoy el glorioso aniversario
De aquél dia, de amor claro troféo,
En que lució esplendente
La más preciada antorcha de Himenéo.

¡Dïa feliz, por siempre memorable,
Que de asombro y ternura el alma llena!
¡De su mágica aurora
No se turbe jamás la luz serena!

Aun lo recuerdo. En imperial carroza,
Cercada en torno de escuadron brillante,
Del cañon al estruendo
Y de la trompa bélica sonante,

Eugenia de Guzman, la blanca frente
En azahar y rosas coronada,
Pálido el bello rostro,
De Dios se acerca á la mansion sagrada.

El que al primer Napoleon sucede
En el nombre y el cetro soberano,
Á su lado se ostenta
Amoroso, feliz, cual nunca ufano.

Sólo la voz del corazon oyendo,
De la envidia á despecho y del encono,
Con la noble Española
Vá á compartir el tálamo y el trono.

Llegan al templo: por dó quier resuena
En honda admiracion murmúrio blando,
De la trémula vírgen
La cándida hermosura contemplando.

Yo los ví, de rodillas ante el ara
Donde el Señor en magestad fulgura,
La coronada frente
En el polvo humillar; yo la ternura

Ví de la Madre, y la emocion sublime;
Yo del Prelado venerable el ruego,
Sobre ellos implorando
La bendicion de Dios en santo fuego.

Regocíjate ¡oh Franciá! y al Empíreo
Alza en noble entusiasmo el digno acento,
Que hoy es para tí Eugenia
Nuncio de dichas y placer sin cuento.

No mi voz te lo dice: en tus anales
Brilla, en fulgentes páginas de gloria,
Del Santo Ludovico,
Del Vencedor de Holanda la memoria.

Y cual la pura Blanca de Castilla,
Cual de Filipo la animosa hermana,
Vida y sustento al sólio
Dará, en prole felíz, la hermosa Hispana.   (2)

Y tú, Princesa ilustre, en cuyo apláuso
Suenan las cuerdas de mi humilde lira,
No ya al süave impulso
De la santa amistad que el alma inspira;

No del afecto que me unió, guïadas,
Á tu deudo infeliz, síncero amigo
De mis años primeros,
Cuyo recuerdo plácido bendigo;

Sino cediendo al móvil generoso
De patrio amor que el corazon inflama,
Hoy que tu claro nombre
Extrangera nacion *Augusto* aclama,

Tú bondadosa acogerás los himnos
Que del Bétis feraz al Sena envía,
En férvido arrebato
De tan sublime afecto el alma mía.

Y cuando el Rey de Reyes te conceda
Hijo en quien cifres tu mayor ventura,
Y en cuyo pecho alientes
Sacra virtud, indómita bravura;

Cuando en su tierno corazon derrames
Del alto imperio la difícil ciencia,
Y el caudal le anticipes,
Con sábio amor, de próvida experiencia;

Cuando nutrido en la justicia otorgue
Premio al saber, corona al ardimiento,
Y próspera su patria
Alce en su honor eterno monumento,

Muéstrale de tu estirpe los blasones,
De Leiva el triunfo, de Girón la gloria,
Y de Guzman el Bueno
El sacrificio y sin igual victoria;

Haz que admirando tan heróicos timbres,
Que el labio sellan de rugiente saña,
Ufano de tu nombre,
Amiga llame con orgullo á España.

AL CORONEL MARQUÉS DE CASA-ARIZON,

EXCITÁNDOLE AL EJERCICIO DE LA POESÍA.

> Que nunca la lanza embotó la pluma,
> ni la pluma la lanza.
>   CERVÁNTES.

Oh tú, caro Marqués, en quien la llama
Del entusiasmo brilla,
Y cuya mente inflama
Vivo amor á las Letras, ¿no es mancilla
Que cuando el Cielo en tí preciosos dones
Blando derrama, y la encantada orilla
Huellas del Bétis, en acordes sones
Tu voz no dés á la region del viento?

¿Por qué dócil tu labio

No ha de alzar del Empíreo al alto asiento

De los héroes las ínclitas acciones?

¿Por qué en sonoro acento

De la virtud no cantas la grandeza,

La tierna vírgen que de amor suspira,

Del bosque y la llanura la belleza?

¿Acaso temes que la ebúrnea lira

Niegue sus tonos á tu armada mano,

O que, si al Númen cedes que te inspira,

El de la Guerra esquive

Á tu brazo su esfuerzo soberano?

Jamás, oh amigo, tan injusta idéa

Tu mente abrigue: en el ibero Pindo

Nunca ostentó la claridad febéa

Más puro el ígneo rayo

Que al ronco estruendo de marcial peléa!

¡Oh vosotros, guerreros, que en la cumbre

Del Parnaso inmortal alzáis la frente,

No vuestro brillo fúlgido deslumbre

Mis débiles miradas,

Y descendiendo hasta mi ruda mente
Dadme que en nobles himnos
Vuestras glorias ensalze reverente!

Allí, oh Marqués, el de Aragon orgullo,
Jáime el conquistador, el no vencido,
Entona dulcemente
Plácidas trovas, del amor herido;
Y el que reinó en Castilla,
Décimo Alfonso de renombre excelso,
Sabio Monarca, desgraciado Padre,
Al lado muestra del läud doliente
La espada sin mancilla.
Allí tambien el que á la gente Mora,
Bravo Infante Don Juan, humilló fiero,
Pulsa la blanda cítara sonora
Siempre ceñido el toledano acero.
Allí Manrique, en varonil querella,
Del padre insigne llora el lastimero
Fin ejemplar, y cántiga más bella,
Respirando mayor filosofía,
Nunca dejó tan peregrina huella.

Lidiando como bueno,

¡Cuál en su sangre un día,

Al exhalar el último suspiro,

Las endechas ternísimas teñía!

Mira no léjos la gigante sombra

Serena alzarse del varon preclaro

Que aún Santillana prosternada nombra,

Y es á su estirpe generosa caro;

Del que entre lides y cuidados graves,

En risueña pradera,

Cantó de Finojosa la vaquera.

Presta oido despues al sin ventura

Doncel, más que ninguno apasionado,

Á quien muerte crüel, de aguda lanza

Al golpe inesperado,

Cantando de su amor la malandanza

Sorprendió en la prision, aun en el labio

El nombre de su dama y su esperanza.

Del Quinto Alfonso de Aragon, del sábio,

Del magnánimo Rey, que Italia viera,

Clemente y victorioso,

Al aire desplegando su bandera

En Nápoles, Cerdeña y Lombardía,
Oye tambien la cántiga hechicera.

Mas ¿qué súbita luz ofusca el día?..,....
¿Es de celeste coro el lampo ardiente,
O fíngelo quizás mi fantasía?......
¡En nueva lumbre inflámase el Parnaso!..
¡Allí Ercilla y Cervántes, allí Lope,
Calderon, Garcilaso!......
¡Oh de gloria y honor astros radiantes,
Para cantar vuestra eternal grandeza
No halla mi lengua términos bastantes!

¡Cómo decír la cándida dulzura
De tus versos, oh Laso,
De belleza dechado y de ternura!
¡Cuál de Vïena en el cercado muro,
Cuál en la pátria de Petrarca y Taso,
Tomando ora la espada, ora la pluma,
Te abriste al templo de Memoria paso!
Duelo profundo el corazon abruma
Del gran Emperador, tu heróica muerte

Al contemplar, y, de sus justas iras

En vengativo alarde,

Del audaz enemigo arrasa el fuerte,

Y dá á sus defensores

La que te cupo á tí, sangrienta suerte.

¡Ni cómo, oh Lope, que en edad florida,

Del Ponto contrastando los furores,

El arcabuz llevaste en la temida

Flota del gran Filipo,

Cantaré dignamente tus loores!

¡Cómo podré la innumerable suma,

El fácil verso, las discretas damas,

Puras y bellas cual la nívea espuma,

De tus comedias celebrar, si inflamas

En tan vivo entusiasmo el pecho mío

Que, absorto y reverente,

Oh crëador de la Española escena,

No el labio expresa lo que el alma siente!

¡Ni qué decir de tu fecunda vena,

Gran Calderon, de caballeros guía,

De la armas honor, si el mundo llena

De tu nombre la fama, y no sería

Buen Español ni honrado,

Quien no amase en tus versos tu hidalguía!

¡Y de tí, gran portento,

Que en medio de las armas y aspereza,

No en seguro secreto regalado,

De la homérica trompa la grandeza

Conseguiste emular? Jamás, oh Ercilla,

Nadie más árduo empeño

Vió de más pura gloria coronado.

¡Cuál en tus cantos, honra de Castilla,

De profunda moral, de alto gobierno

La excelsa llama esplendorosa brilla!

¡Y á tí, de ardiente inspiracion en alas

Podré cantarte, oh manco de Lepanto,

Cuando tu nombre universal, eterno,

El mundo admira con respeto santo,

Y la Española Historia

Ansiosa escribe en tablas de diamante?....

¡No de mi humilde lira el vuelo es tanto!....

Donde con alta de soldados gloria

Y con propio valor y airado pecho

Tuve, aunque humilde, parte en la vitoria.

5

Así cantaste, de D. Juan el triunfo

Al recordar, oh autor de Don Quijote!

¡Tiempos aquellos en que el orbe estrecho

Era á nuestro poder, y duro azote

De la barbárie y la mentira España!

Fé viva, pátrio amor nos cupo en dote

Y una tras otra gigantesca hazaña

Á su impulso nació. ¡Y hora podría

La que triunfó de la Agarena saña,

Católica bandera,

Al aire tremolar allá en Turquía? (3)

Su benéfica lumbre

Antes níeguete el Sol ¡oh Patria mía!

Que de la enseña de Mahoma impura

Brille al lado la cruz de tus pendones.

¡Nunca á tanto te obligue suerte dura!

Ni solo estos varones,

Que entre los más famosos cuenta el Mundo,

De en medio de guerreros escuadrones

Himnos alzaron con ardor fecundo.

Dignos tambien de perenal memoria

Otros nacer miró la Madre España
Que del cañon al eco tremebundo
Vencer supieron en feral combate,
Y ornar luego sus sienes
Con la corona que sublima al vate.
Tal el claro Mendoza,
Figueróa, de cítara divina;
Castro, Acuña, Boscan, en el que late
El fuego que con lumbre peregrina
Destelló en Garcilaso;
Rebolledo, Esquilache, Aldana, Artieda,
Zárate, Alcázar, Virués, Cetina.
Otros y otros aún, mas fuera vana
Empresa numerarlos; de la guerra
La dulce pöesía
Mostróse siempre en nuestro suelo hermana.

Ni solo vieron los pasados siglos
De nuestras armas el ilustre canto,
Que aún el plectro sonoro
De Cadalso y del Conde de Noroña
Grato se escucha en el Castálio Coro.

Aun de Arrïaza la armoniosa lira,

De augusta palma y de ciprés ornada,

Ora en voz de victoria,

Ora bañada en llanto,

Suena de amor de pátria al fuego santo.

Aun puebla el aire leve

Del que pintó la célica pureza

De la infeliz Elvira, y la fiereza

De Montemar impía,

Digno rival de Byron (*), la potente

Voz de amargura llena, y en su frente

Resplandeció del Guardia el férreo casco,

Y antes le vió el riscoso Pirinéo

Pulsar la ardiente cítara enlutada,

Del trueno al ronco son y del torrente,

A un lado rota la novel *espada.*

Resuena todavía

El acento ya blando, ya severo,

Del Prócer inspirado

Que el nombre vindicó del Rey Prudente;

(*) Pronúnciese Báyron.

Del Duque ilustre que del pátrio Estado

Solo pudo salvar un noble acero.

Mira, en fin, lo presente,

Y en torno tuyo encontrarás poetas

Que á serlo se educaron

Entre el fiero clamor de las trompetas.

Tal de Bailén, Don Álvaro y Mudarra

El egrégio cantor, que contemplaron

Tinto en su propia sangre los que España

En mal hora triunfantes vió en Ocaña.

Tales Breton, Pezuela, Ros de Olano,

Reina, Escosura, Serra, Justiniano.

Tal, aunque indigno, yo, que transcurrido

Un breve lustro apénas

Del día, aún no lejano,

En que los ojos míos,

En las feraces márgenes serenas

Del manso Guadiana,

Vieron la luz de la primer mañana,

Ya de la veste militar ciñóme,

Y su entusiasmo férvido infundióme

El noble padre, que en el almo Cielo

Hoy para siempre mora.

El noble padre, que con raro celo

Y diestra, al par que firme, bienhechora,

Las belígeras haces juntamente

Y la ciudad querida

Entonce áun gobernaba, do la vida

Me dió amoroso, y do tranquila yace,

En agustino templo,

Bajo marmórea losa blasonada,

De su bizarro genitor la yerta

Ceniza idolatrada.

La ciudad que avaloran

Morales el Divino;

El Capitan insigne

Que el Pacífico Mar halló el primero;

Alvarado, Garay, Dosma, Cepeda,

Y el propio claro hermano,

Heróico sin segundo y caballero,

Que en la orilla del Gébora cercano,

Ántes que ver rendida la bandera

Timbre y orgullo de la gente ibera,

Alta la ardiente espada,

Del Galo entre las filas penetrando,

La existencia á la Patria consagrada

Dejó en sus aras al morir lidiando. (4)

Canta, pues, caro amigo, y no te asombre

Que al redoblar del atambor sonante,

Se inflame del soldado

El fuerte corazon, y arrebatado,

Su gloria enalteciendo,

Ó el amor ensalzando y la belleza,

Del Pindo á la alta cumbre se levante,

Que el amor y la gloria del guerrero

Inspiraron tambien á Taso, á Dante,

Al gran Virgilio, al inmortal Homero.

Á UNA DAMA

EN ELOGIO DE SUS POESÍAS.

    Cuando con dulce acento
El ruiseñor canoro en la alborada
Al vagaroso viento
La voz enamorada
Suelta alegre, poblando la enramada:

    Y en acordados sones,
Que halagan y deleitan el sentido,
Mueve los corazones,
El cantar no aprendido
El ánimo dejando embebecido;

6

Más grata melodía
No del tierno pechuelo exhala el ave,
En la region vacía,
Que de tu lira suave
La que de gozo el alma inundar sabe.

Tú las cuerdas dë oro
Tímida pulsas con ebúrnea mano
Y del castalio coro
Al fuego soberano
Brota en tu lábio el himno sobrehumano.

Por tí la blanca Luna
Brilla más pura en la azulada esfera,
Sin que nube importuna
Velando la hechicera
Faz, oculte su plácida carrera.

Tú de la casta Aurora
Dás nuevo encanto al rayo purpurino,
Y al triste que la implora,
En canto peregrino,
Alientas de la vida en el camino.

De la encendida rosa
Por tí lucen más vivos los colores,
Y ufana y olorosa,
Merced á tus loores,
Álzase reina de las gayas flores.

De la gentil zagala
Tú rëalzas la púdica belleza,
Y del prado la gala,
Y la sublime alteza
De la celeste cumbre, y la grandeza.

Cánta, Poetisa bella,
Y orne cándido amor tu blanda lira,
Y la bendiga Aquella
Que el Universo admira
Y el Mónstruo holló de la infernal mentira.

DOS HIJOS DE REYES.

En los plácidos vergeles
Que amoroso el Bétis riega
Y en que su pompa despliega,
Entre bosques de laureles,
La palma, honor de la vega,

Alza á las nubes la frente,
Con noble y gallardo brío,
Régia morada esplendente
Cuyas plantas blandamente
Besa humilde el claro río.

Orna sus bellos salones,
Que el fáusto afrentan del Moro,
Ya el blanco mármol, ya el oro,
Ya un artístico tesoro
Envidia de cien naciones.

Pero aun más alto blason
Lo avalora y engrandece:
La voz del que en la afliccion
Pide amparo y compasion
Nunca á sus puertas fenece.

Bajo el arteson dorado
El eco al punto resuena,
Y alivio hallando á su pena
Torna con la faz serena
El que clamó acongojado.

Que allí, cual de limpia fuente
Que ni enturbia su corriente
Ni su raudal nunca agota,
Mana consuelo al doliente,
El oro al mísero brota.

El falto de educacion
Pura enseñanza recibe,
Y debe á su proteccion
No solo el pan de que vive,
La luz de la religion.

Y no de la caridad
Arde allí solo la llama,
Que tambien el pecho inflama
El pátrio amor, y derrama
Vivífica claridad.

Á su impulso cada día
Vé nacer un pensamiento
De España honor y alegría,
Y dá vida á un monumento
Que ya en el polvo se hundía.

Así el artista, el pöeta
Mano encuentran bienhechora;
Así el espacio devora,
Veloz como la saeta,
La ardiente locomotora.

Ayer de la destruccion
Vimos salvar la morada,
De Cortés, y la sagrada
Mansion, ya casi olvidada,
Que asilo prestó á Colon.

Hoy, á la noble señal
De la voz restauradora,
Elévase á la que adora
El hombre, cual protectora
De un soberano inmortal,

La venerada Capilla
Que el mismo Rey le labrára
Cuando triunfante en Sevilla
Conoció que la ganára
Por la Vírgen sin mancilla.

De nuevo el rojo pendon
Al Árabe conquistado
Será á los piés humillado
De la Imágen, que á su lado
Llevó el Santo Campëon.

Y tan preciado troféo,
Del Tercer Fernando gloria,
Renovará la memoria
De su hazaña, y á la historia
Su fé dirá, y su deséo.

Mas ¿quién, exclamáis, habita
Ese Palacio sublime?
¿Á quién la piedad excita?
¿Quién de pátrio amor palpita
Y joya tanta redime?

—¿Quién? De la augusta ISABEL
La dulce y egrégia hermana;
Un hijo excelso de aquel
Que en Francia reinó y Argel
Y yace en tierra Britana.

Á LA SEÑORITA

DOÑA CATALINA DE ARIZON,

DECHADO DE TERNURA FRATERNAL.

Cuando llena del vicio la medida
Tronó iracundo el Cielo,
Y la espada del Ángel de Exterminio
Brilló en los aires, y el Potente, el Sumo,
Tremendo Jehová la enardecida
Rueda movió del carro de sus males,
Y la fulmínea diestra,
Entre enlutadas nubes,
Tendió, de horror cercando el alma nuestra.

Y á la señal divina el puro ambiente
Llenó letal ponzoña;
Y la madre, el anciano, el tierno infante,
El mancebo robusto á un tiempo mismo
Con tortura infernal, con sed ardiente
Juntos caían en la helada huesa,
Cual ángel de consuelo
Del expirante hermano
Al lado te miré con hondo anhelo.

—

Sí, yo te ví seguir con devorante
Afan de sus dolores
El vuelo aterrador, sin que ni deudos,
Ni amigos fieles conseguir pudieran
De su lecho arrancarte; palpitante
Miré tu tierno pecho el dia horrible
En que de Dios la mano
Señalar parecía
Término infausto á tu infeliz hermano.

—

Siempre, siempre tú allí! Nunca olvidaste
La obligacion sagrada,
Y de ternura ejemplo y fortaleza,
Y tu esperanza en Dios poniendo siempre
Fuerzas en Él para sufrir hallaste.
La Madre del Señor oyó tu ruego,
Y la segur impía
La Muerte abandonando
Lució de nuevo de ventura el día.

—

¡Oh de fraterno amor digno modelo!
La inmaculada Vírgen,
Aquella á cuya lumbre peregrina
Del refulgente Sol los resplandores
Son cual de niebla ennegrecido velo,
Áurea corona en el celeste Empíreo
Ciña á tu pura frente
Cuando, tras largos días,
A sí te llame el Padre Omnipotente.

—

AL SEÑOR D. MANUEL PEREZ DE MOLINA,

EN LA MUERTE DE SU HIJO.

Voló del Justo á la mansion: sus días
Contados fueron, y escogerlo plugo
Para sí al Hacedor. ¡Él cuán dichoso!
Mas tú ¡cuán infeliz! No es dado al hombre,
Por más que aliente de eternal ventura
Alta esperanza el angustiado pecho,
La muerte contemplar con faz tranquila.

Y si al tender sus alas pavorosas
El amigo arrebata, la por siempre
Idolatrada esposa, el venerado
Padre del alma, ¡cómo al golpe. rudo
El corazon herido desfallece!
Mas cuando el hijo tierno en quien cifrada
Está la gloria, la ambicion, la dicha
Del que le diera el sér, despojo es suyo,
Apénas puede mísero el humano
Soportar el dolor, y el Orbe entero,
Á sus ojos desierto, inmensa tumba
Es ya tan solo, donde el eco triste
No más devuelve que ayes y suspiros.

Tú así, caro Manuel, tú que lamentas
Perdido el hijo amado, el hijo solo
Que otorgado te fuera, y que, portento
De bondad, de saber, de inteligencia,
En su florido abril era esperanza
De tu hoy llagado corazon. Tus ojos
No intento, no, enjugar: justo es tu duelo.

Comprendo tu dolor, y al lado tuyo
Contigo á llorar vengo; compartido
No tan crüel será, que hasta en el llanto
Quiso del mundo el Crëador Supremo
Mostrar al hombre que, en sus altos fines,
Para vivir en sociedad formólo.

Juntos lloremos, pues; mas cuando el pecho
Las ardorosas lágrimas que viertes
Un tanto alivien, de mi labio escucha
El único consuelo que algun día
Puede acallar la que tu sér consume
Hórrida pena.

    ¿Del que el Cielo mora
Gozar de nuevo la presencia ansías?
Pues en tu mano está. De él hazte digno
Y lograrás tu aspiracion; sostenga
Esta esperanza tu vivir, y al cabo
El consuelo hallarás que hora rehusas.
Á tan sagrado fin tus pasos mueve:
Que la Pátria, cual nunca hoy anhelosa
De los esfuerzos de sus hijos todos,
Á su bien consagrado te contemple,

Magistrado rectísimo, repúblico
No atento al propio medro, en tí encontrando;
Que en tu hogar, de tu Esposa la honda pena,
Aun más crüel é intensa que la tuya,
Con tu ternura en mitigar te emplées;
Que nunca el desvalido halle cerrada
Á sus ayes tu puerta; y fuerte escudo
La Santa Religion tenga en tí siempre.

Así, tan solo así, digno holocáusto
Darás á tu dolor, y al hijo tuyo
De entrañable cariño digna muestra.

EN LA INAUGURACION
DE LA ESTÁTUA DE MURILLO.

Triunfa España do quiér: á sus guerreros
Valla no encuentra que oponer el mundo;
Sus damas y sus nobles caballeros
En porte y proceder no hallan segundo;
En las Letras sus hijos los primeros
Brillan al par, y, con ardor fecundo,
Sus sábios, y sus místicos doctores
Señálanse entre todos por mejores.

¿Y en medio el Arte de tan alta gloria
La suya no acrecienta? ¿En sus anales
Acaso no registra nuestra historia
Nombre alguno de artistas inmortales
Que á España dando aún nueva victoria
Superáran tambien á sus rivales,
É hicieran que rayase el arte hispano
Donde nunca alcanzar logró el pagano?

———

Sí, los registra; y en el sacro templo,
Y en la adorada imágen de María,
Y en el lienzo sublime, raro ejemplo,
Y alta muestra se ofrecen á porfía,
Que con ardiente admiracion contemplo,
Y en honra ceden de la Pátria mía,
Del génio que en el arte reveláron
Los que dos hemisferios conquistáron.

———

¡Qué mucho, *oh Escorial, que al mundo asombres*
Con la pompa y beldad que en tí se encierra,
Si al fin eres padron sobre la tierra
De la gloria *del arte y de los hombres!*
De San Quintin y Herrera tú los nombres
Haces por siempre amar, y aun en la sierra
Á cuyo pié te ostentas, ver al claro
Filipo, de la Fé sosten y amparo. (5)

———

¡Qué mucho que la estátua bendecida
De la Reina eternal de tierra y cielo
El sentido suspenda, si es debida
Á Montañés insigne, que en el suelo
Copiar logró con mente embebecida,
Y ardoroso cincel, y santo celo
La cándida expresion, las perfecciones
De Aquella en que agotó el Señor sus dones!

———

¡Qué mucho, en fin, que Zurbarán, Morales,
Y Pacheco, y Velázquez, y Castillo,
Y Moya, y Cano, y los en nombre iguales
Al cantor de Lepanto, nuevo brillo
Dén, cual Valdés, con lienzos inmortales
Á la Pátria! ¡Qué mucho que Murillo
En éxtasis divino huya del suelo
Y el nombre alcance de *Pintor del Cielo!*

—

—

Del Cielo, sí, porque jamás su idéa
Cruzó del mal el pensamiento impuro;
Del Cielo, sí, porque la luz febéa
Es á sus tintas como lampo oscuro;
Del Cielo, sí, que quien gozar deséa
De la mansion del justo y su bien puro,
Sus cuadros contemplando se extasía
Y cual él faz á faz mira á María.

—

Tanto alcanza la Fé, débese tanto
Á su divino impulso, al alto vuelo
Que hácia lo grande, lo sublime y santo
Imprime siempre á quien con vivo anhelo
Pospone todo terrenal encanto
Á los goces purísimos del Cielo,
Y creyente y sencillo á ella se entrega
Con blando amor y confianza ciega.

—

Así del gran Murillo el nombre dura
Y sus obras do quier précianse tanto;
Tiénese así por sin igual ventura
Á Dios dar muestra de respeto santo
De su mano ante célica pintura,
Y tal es su atractivo, y tal su encanto
Que aun al que solo vé la forma en ellas
Le admiran y suspenden por lo bellas.

—

Yo, donde el Sena la Ciudad famosa
Metrópoli del Mundo humilde baña,
En torno he visto de la Madre hermosa
Del Salvador, que patrocina á España,
Y que con hábil diestra y amorosa
Pintó Murillo egrégio, con extraña
Inquietud no ya un pueblo congregarse,
Mas cien y cien ansiosos agolparse.

—

Allí el Britano, de su gran riqueza
Cual nunca envanecido; el Moscovita
Allí tambien, depuesta la rudeza
Que un tiempo señalara al fiero Escita;
Allí, en fin, cuantos muestra de grandeza
Pretenden dar y á quienes hondo excíta
El vivo afan de posëer la santa
Imágen que mi lábio ardiente canta.

—

De Sevilla arrancada en hora triste,
No en franca, y noble, y generosa guerra,
Mas cuando España con valor resiste
Á aquel que en buena lid domó la tierra
Y á ella tan solo con dobléz embiste,
Porque ella solo su denuedo aterra,
Orna en Paris soberbia galería
Que del dueño la muerte deshacía.

—

¡Oh, si el dolor con su acerado diente
Mi español corazon no destrozára
Al contemplar entónces que la ingente
Joya acaso por siempre abandonára
El suelo que la vió brotar riente
Al golpe del pincel que la trazára,
Cuánto gozado hubiera el alma mía
Al verla objeto de tenaz porfía!

—

La lucha empieza, y el amor al Arte,
El propio amor, de las naciones varias
Los mútuos celos, y el que mueve á amarte
Íntimo impulso, oh Vírgen, más contrárias
Que pudo un tiempo el fabuloso Marte
Á opuestas gentes que le rinden párias,
Hacen á las entónces allí unidas,
Y dieran por triunfar sus propias vidas.

—

Por el lienzo bellísimo una suma
Ofrécese con ánsia generosa,
Multiplícase en breve, y como espuma
Crece y á cifra llega portentosa;
Acaso ya obtenerlo hay quien presuma,
Mas dobla otro la oferta, y rumorosa
La inmensa turba en el estrado suena
Y en voz de asombro los espacios llena.

—

Rusia, un Prócer britano, y el que lleva
La voz y el cargo del francés Muséo
Quedan solos al fin, y en lucha nueva
El lienzo se arrebatan: su deséo
De adquirirlo harto más el précio eleva,
Vence al cabo el Francés, y apenas créo
Á mis propios oidos cuando hiere
La cifra en ellos porque el cuadro adquiere. (6)

—

¡Honor, honor eterno al que proclama
De sus Pintores Príncipe Sevilla!
Himnos alzemos hoy, que ya á su fama
Monumento se eleva donde brilla
Su estátua colosal y el pecho inflama,
Y al recordar sus obras, su sencilla
Y plácida existencia, al hombre amemos,
Y al Artista, al Creyente veneremos.

AL SEÑOR D. MANUEL CAÑETE,

CON MOTIVO DE SU RECEPCION

EN LA REAL ACADEMIA ESPAÑOLA.

Vítor, vítor, Manuel, el claro día
Del merecido galardon lució;
Ya tu saber, tu ingénio, tu valía
El más preciado láuro coronó.

—

¡Oh puro y digno triunfo! ¡Cuánto debe
Tu hidalgo pecho de placer llenar!
¡Y cuál mi corazon al par conmueve
La historia de tu vida al recordar!

—

Viniste al mundo en hora malhadada,
Que si alto puesto en él te marcó Dios
Vino tambien al punto despiadada
Negra suerte y contraria de tí en pos.

—

Y al polvo descendiste, niño siendo,
Mas te salvó de tu razon la luz,
Y á tu síno tu fé sobreponiendo
Tu lucha contempló el suelo andaluz.

—

Y abandonado y mísero, del vicio
Hollando casi el seductor umbral,
Siempre evitar supiste el precipicio
Y nunca en tí su garra clavó el mal.

—

Y á tí tan solo educacion debiste,
Y honor y ciencia y nombre y rectitud,
Y que alzada del polvo en que te hundiste
Creciera entre laurel tu juventud.

—

Y crítico y pöeta esclarecido
Al cabo un día te escuchó Madrid,
Y en su más noble círculo, escogido
Puesto ganar lograste en buena lid.

—

¡Oh preclara conquista! Más preciarla
Debes que el no heredado alto blason,
Tuyo, no mas que tuyo, fué alcanzarla,
¿Dónde placer igual, igual fruicion?

—

Y no es que ciego yo tan solo véa
Del hombre en el nacer casualidad,
Y á la cuna aplicable tal vez créa
Lo que al génio, al valor, á la beldad,

—

Á cuanto el hombre á sí darse no puede
Lo propio se aplicara, cierto á ser,
Excelencia negando á cuanto cede
En honra suya y cáusa su valer;

—

Mas no desconocer tampoco intento
Que si respeto siempre mereció
El que de héroes y próceres sin cuento
Los insignes blasones heredó,

—

El mérito es mayor, mayor la gloria
Del que á su propio aliento y á su fé
Debió, luchando, sin igual victoria,
Y en él génio, grandeza el mundo vé.

—

Vítor, pues, oh Manuel, hoy que ya ufano
El venerado Cuerpo, fundacion
La más alta y fecunda que el Hispano
Debe en las Letras al primer Borbon,

—

El sello pone á tu admirable vida
Y tu esfuerzo corona y tu virtud,
¿Quién del Señor la diestra bendecida
No vé, y un *mas allá* en el ataud?

EN LA ENTRADA EN SEVILLA

DEL REGIMIENTO INFANTERÍA DE LEON,

Á SU REGRESO

DE LA GLORIOSA GUERRA DE ÁFRICA.

¡Vedlos llegar! en su abrasada frente
El sello augusto de los héroes brilla,
Y entre sus filas se despliega ingente,
Cual un tiempo, la enseña de Castilla.
¡Vedlos llegar! de la Africana gente
Triunfar supieron en la inculta orilla
Y labrar con su sangre al Pueblo Hispano
De gloria monumento soberano.

10

La Patria en premio agradecida ahora

Su paso alfombre de laurel y flores,

Y con mano de olvido salvadora

Esculpa en duro mármol sus loores;

De la mente del Vate crëadora

Broten himnos sin fin, y, vencedores

Del espacio y los siglos, siempre á Europa

Modelo ofrezcan en tan brava tropa.

AL SEÑOR D. JOSÉ FERNANDEZ-ESPINO,

Catedrático de Literatura Española

DE LA UNIVERSIDAD DE SEVILLA.

Vanamente se afana
El que surcando el mar la dicha busca,
Envuelta en oro, en la region indiana;
Y vanamente aquel á quien ofusca
De honores y poder el ánsia ciega,
Buscándola tambien, á ellos se entrega.
En más segura fuente,
De la propia conciencia en el sosiégo,
Atento siempre al ruego

Del que, si nó su igual, nació su hermano;
De la familia en el hogar querido,
Ó en los nobles placeres embebido
Que al jóven y al anciano
El estudio, del sábio apetecido,
Próvido dá con bienhechora mano,
Halla el hombre la paz, halla la calma
Supremo bien y aspiracion del alma.

De tan alta verdad, oh caro amigo,
Tú ejemplo ofreces, que gozoso vives
En la feliz dorada medianía
Que el Lírico del Lácio cantó un día,
Y de viles pasiones al abrigo
Aplausos mil y admiracion recibes;
Ora cuando la cítara pulsando,
En plácido concento
Al aire dás el melodioso acento,
Timbre y honor de la inmortal Escuela
Que Rioja y Herrera fecundáron,
Y que Lista y Reinoso
De nuevo de su tumba suscitáron;

Ora cuando doctísimas lecciones

De tu lábio elocuente

Brotan, y al punto fíjanse en la mente,

Y grábanse en los tiernos corazones

De la estudiosa juventud que acude

Al gran Gimnasio, de Sevilla glória.

Al gran Gimnasio en cuyas aulas dura

Eterna la memoria

Del sábio, del insigne Arias Montano,

Blason de Extremadura,

Que en ellas fundamento

Dió á la pasmosa erudicion, que en Trento,

En Lóndres y Lovaina, Antuerpia y Roma,

Brilló con desusados resplandores,

Y del Monarca egrégio

Cuyo dominio el Sol no abandonaba,

La amistad le alcanzó, no los favores,

Que siempre su modestia rehusaba.

¡Noble mision y augusta

Es la del docto á quien la Pátria fía

La inteligencia dirigír de aquellos

Que, en no lejano día,

Serán su honor, su nérvio, su grandeza!

¡Oh, cuánto importa despertar en ellos

El santo amor á los paternos lares,

Y á los que el nombre hispano á tanta alteza

Un tiempo levantaron,

Y en uno y otro mundo dominaron!

¡Y cúanto precaverles

De que al mirar de España la alta historia

Por extrangera mano adulterada,

De la celosa envidia amäestrada,

Los hechos desconozcan más honrosos,

Y los varones dignos de memoria

Á sus ojos odiosos

Y con negros colores aparezcan,

Y oprobio en vez de apláuso les merezcan!

¡Imposible parece cómo viendo

Cuán falsamente extraños escritores,

Del limpio honor de España detractores,

Los hechos, de que aún vive por testigo

Tanto esforzado actor, referir osan,

Haya quien por clarísimas verdades

Tome las que, al narrar de otras edades

La insigne historia nuestra,

Torpes calumnias estampó su diestra!   (7)

¡La Inquisicion! ¡Felipe! ¡El fanatismo!

¡Del Nuevo Mundo la feroz conquista!

¡Del degradado pueblo la ignorancia!

Estas las frases son que á un tiempo mismo

En Inglaterra y Francia,

En Alemania y Flándes á porfía

Sirven de tema eterno al rudo embate

Con que á España combate

El odio nacional y la heregía.

¿Y qué, decidme, vírgenes naciones,

De todo error é intolerancia exentas,

Jamas luchas crüentas,

Ni opuestas religiones,

Vuestro suelo sublime ensangrentáron,

Ni vil supersticion, encono ciego

Vuestra impecable historia deslustraron?

¡Oh sí, que sangre á ríos

En vuestros campos ven los ojos míos,

Y de Calvino y de Isabel y Enrique

Al terrífico acento

Alzarse miro hogueras y cadalsos

Y allí espirar á víctimas sin cuento!

Unida en tanto España

Fuerte, feliz, potente aparecía,

Y con gigante hazaña,

Por arrancarle un mundo, el mar rompía;

Y del poder á la eminente cumbre,

Asombro siendo á la feudal Europa.

Fráile humilde elevaba;

Y la gran Isabel, del Trono lumbre,

Leyes ántes dictaba

Del Indio amparo, admiracion del sábio;

Y apénas puede el lábio

Los triunfos numerar con que brillaba

De Fernando, de Cárlos y Felipe   .

En la gloriosa frente,

La augusta diadema más fulgente,

De más claro renombre

Que nunca dado fué ceñir al hombre.

¡Tú, España, degradada! ¡Tú ignorante!

¡Tirano tú, y fanático, oh Felipe!

Respondan, Pátria amada,

Tu altivez proverbial, y tu hidalguía

De nadie superada;

Respondan de París y el Orbe todo

Las áulas que regía

De tus hijos la ciencia,

Y el anheloso afan con que del modo

Que ráudo el ciervo al manantial se lanza,

Inmensa muchedumbre á ellas corría,

De recibir sedienta su enseñanza.

Responda, en fin, el generoso arranque

Con que al sentirte herida en tu creencia,

Tu honra, tu lëaltad, tu independencia,

Te alzaste, ejemplo al mundo, el *Dos de Mayo*,

Y al Galo fuiste de venganza rayo.

Responda, oh gran Monarca,

Por tí tambien la historia,

Que, si grave y austero

Sus páginas te muestran, no altanero,

Ni fanático y déspota inhumano

En ellas apareces. No es tirano

Quien en justicia y paz rige y mantiene

El ibérico suelo, cuando el mundo

De lágrimas y sangre es mar profundo;

Quien la conciencia tiene

De ser expresion fiel del sentimiento

Que al pueblo suyo y á su siglo anima;

Quien, al mérito atento,

En sus consejos, con igual estima,

Al prócer y al plebeyo se complace

En dar lugar en encumbrado asiento;

Y á sus ministros hace

Que en todo árduo litigio en que su nombre

Encuéntrese mezclado, y duda abriguen

De á quien mejor derecho galardona,

En contra suya fallen, sin reparo

Al brillo y al poder de su corona.

No es fanático, no, quien enemigo

De la rüin supersticion mostróse;

Quien célebres Escuelas esmeróse

Munífico en fundar; y, ardiente amigo

De las Letras, en público Gimnasio

Las lecciones siguió de altos Maestros,

Y protector del sábio y el artista

Su amor y su respeto al par conquista.

¡Fanático! ¿Porqué? ¿Por ser creyente?

¿Cuándo nunca sinónimas han sido

Palabras tan opuestas? Tanto diera

Cobarde apellidar al que es prudente,

Mal padre al buen Guzman, y temerario

Á quien de heróico aliento muestra hiciera. (8)

   ¡España, Patria mía! ¡Rey excelso!

Vuestra inmortal grandeza, el haber sido

De la verdad impenetrable escudo,

Mision providencial así llenando,

Vuestro delito constituye infando,

Si errores cometísteis, si algo pudo

Un punto deslustrar la historia vuestra,

No es mío defenderlo; mas ¿en dónde

Se encuentra la Nacion, dónde el Monarca,

El hombre sin defecto?
¿En dónde existe ese idëal perfecto?

Y no juzgues, oh amigo,
Mi canto al escuchar, que ensalzo solo
Lo ya pasado, y de la edad presente
Eríjome en censor y en enemigo.
Hijo soy de mi siglo, y con ardiente
Apláuso sus progresos y su ciencia,
En cuanto tienen de admirable y recto,
Saluda alborozada la voz mía.
Pero duéleme ver cómo á porfía
Púgnase por borrar las tradiciones,
De los siglos que fueron la alta gloria
Y la sábia experiencia, y enlazarlo
Al moderno adelanto útil contemplo.
Solo así las naciones
Se engrandecen, y viven en la historia,
Y en ella sirven de perenne ejemplo.
¿Acaso la edad nuestra,
Sin los esfuerzos y el saber unidos
De aquellas que del mundo en la palestra

De precederla hubieron, se hallaría

Donde la vemos hoy? Necio sería

Tal absurdo afirmar. Gracias, pues, demos

Á quienes nos legaron tal tesoro,

De más valor que el oro,

Y su recuerdo augusto conservemos.

Basta, caro Fernández;

Léjos de tí me lleva el entusiasmo

Que siempre en mí producen

Las pátrias glorias, de la mente pasmo.

Tú á quien tanto avaloran y en quien lucen

Prendas tan altas, del acento mío,

Del tuyo al lado desmayado y frío,

No has menester para excitar el santo

Amor de Pátria en tus alumnos fieles,

Cuando el sublime canto

De los egrégios vates les reveles

Que ilustraron de España el caro nombre;

Y la profunda ciéncia con que al hombre

Nuevos rumbos abrieron,

Ó sabrosa lectura le ofrecieron,

Dándole al par altísima enseñanza,

Tanto y tanto escritor como enriquecen

Su literaria historia y la enaltecen.

Taréa tan gloriosa

Sin desmayar prosigue, y melodiosa

Al par resuene tu vibrante lira

Que á lo bello y lo grande amor inspira;

Y el tiempo por venir siempre en tí véa,

Tu nombre al aclamar de polo á polo,

Cómo, del fráude y la ambicion y el dolo

Alejado mostrándote, le ofreces

Nuevo y constante ejemplo

De la dichosa vida que en el Lácio

Supo cantar y engrandecer Horacio.

POR LA UNION TRADICIONAL

DEL CUERPO DE ARTILLERÍA.

BRINDIS. (9)

Llene las anchas copas
El néctar jerezano,
Y asiendo nuestra mano
El límpido cristál,
Eco del alma el lábio
Revelen sus acentos
Los nobles sentimientos
Que inspira la amistad.

Brindemos por que hermanos
Nos mire siempre el mundo,
Y nunca el soplo inmundo
De aciaga desunion,
Destruya entre nosotros
El vínculo potente
Que centuplica ardiente
La Ciencia y el Valor.

AL MISMO ASUNTO QUE LA POESÍA ANTERIOR.

BRINDIS.

Cuando brillan los aceros
Y al clarin de la batalla
Con la voz de la metralla
Fiero responde el cañon,
¿Quién dá fuerza á nuestro brazo?
¿Quién inflama nuestros pechos?
¿Quién nos lleva á grandes hechos?
¿No es, decidme, nuestra Union?

12

Cuando al culto de la Ciencia
Con ardor nos consagramos
Y en seguir nos afanamos
Á Descártes y á Newtón,
¿De los Álavas y Morlas
No anhelamos el renombre?
¿Á emular su claro nombre
No nos mueve nuestra Union?

—

Y al mirarme entre vosotros,
Oh del alma compañeros,
Hoy cual nunca placenteros
Del festin al grato son,
¿Quién dá acentos á mi lábio
Y armonías á mi lira?
¿Quién mi rudo canto inspira?....
Nuestra firme, santa Union.

¡VIVA, VIVA NUESTRA UNION!!!

Á LA CÉLEBRE CIEGA DE MANZANARES,

IMPROVISACION.

¡Lástima grande que la lumbre pura
Que en vívido esplendor arde en tu mente
Y de tu suerte alivia la amargura
No brille en tu mirada refulgente!
Mas si gozar debieras tal ventura
Del génio en cambio que te inspira ingente,
No ya del Sol la luz para tí quiero:
¡Ciegos fueron tambien Mílton y Homero!

DESPEDIDA. (10)

Ángel de luz que abandonas
La un tiempo régia ciudad,
Y con tu excelsa beldad
Mi corazon aprisionas;

En lo traviesa y diablilla
Y por tu alegre semblante
Cien mil veces más picante
Que el pimiento y la guindilla;

Más bella que el claro día,
Más pura que la azucena,
Y cuyo talle enagena
Y rinde mi fantasía.

¿Por qué á la heróica Madrid
Te vas dejando á Segovia,
Mientras tu recuerdo agovia
A tanto bravo adalid?

———

¿Por qué no miras, ingrata,
Este corazon ardiente,
Que triste queda y doliente
Y á quien tu recuerdo mata?

Vuelve, hermosísima hurí,
Devuélvenos tu belleza,
O corte nuestra cabeza
El filo de un bisturí.

———

Acaso tu mente loca
Desoye mi amante ruego
Y olvida el hirviente fuego
Que mi corazon sofoca.

Y con dura condicion
Y nada blandas entrañas,
Vas en busca de alimañas
Huyendo de este garzon.

—

En tanto yo, solo y triste,
Tu imágen do quiera véo,
Y escuchar tu acento créo
Do quier que el lábio moviste.

Escucha lo que te hablo
No desaires mi querer,
¿ Qué tienes, dime, que hacer
En esa córte del diablo?

—

En ella solo verás
Torpeza y atróz falsía,
Un alma como la mía
Para amarte no hallarás.

Pero sí en gran abundancia
Insípidos mozalvetes;
Dignos de cien mil cachetes
Por su precóz petulancia.

———

Ya que la ventura pierdo
De contemplar tu hermosura,
Recompensen mi ternura
Un suspiro y un recuerdo.

Y te aseguro, mi amiga,
Que de tanto en tí pensar,
Acabaré por alzar
Un monumento á tu liga.

———

Si desoyendo mi canto
Desprecias mi amor ferviente
Y dejas que tristemente
Anegue mi rostro el llanto,

En premio de tales trazas
Y del rigor que en mí empléas,
Quiera Dios que blanco séas
De estupendas calabazas.

—

Mas no; siempre tu alegría
Será de mi vida encanto;
Siempre en mi amargo quebranto
Tu dicha será la mía.

Y, en fin, para intercalar
Una cuarteta que falta
Deséo que estés muy alta
Cuando vuelvas de invernar.

—

Adios mi amor: á tu blando
Recuerdo la mente elevo,
Do quier conmigo te llevo,
Adios otra vez.

FERNANDO.

Y con un afecto insólito,
Pues los autores son dos,
Alegre te dice adios
Tu síncero amigo

HIPÓLITO.

ROMANCES.

Á MI MADRE.

Madre del corazon, Madre querida,
Más grata para mí que la existencia,
¿Cómo pagar la que mi sér te debe
De incomparable amor sagrada deuda?

¡Cómo el afán, la angustia, los desvelos
Que, desde el punto en que por vez primera
En tu adorado seno el vivir mío
De sí comenzó á dar segura muestra,

Por mí has sentido, y el ansioso anhelo
Con que, guïando al bien mi inexperiencia,
Del piélago del mundo en los escollos
Pugnaste por abrirme fácil senda!

¡Oh, imposible! Tan solo el Cielo puede
De una Madre cual tú premiar la tierna
Solicitud, el previsor cariño
Que nunca igual reconoció en la tierra.

Al Cielo, pues, elevaré mi acento
De Dios rogando á la bondad inmensa
Que con piadosos ojos te contemple
Y te abra un día las empíreas puertas.

Y al ruego mío se unirá la santa
Oracion de la VÍRGEN MADRE excelsa
Que de los buenos hijos los clamores
Al HIJO suyo presurosa lleva.

Mas ¡ay! tampoco así me será dado
Mi gratitud mostrarte y mi terneza,
Que al llegar al Eterno la plegaria
El libro mirará de tu existencia,

Y de adquirida culpa no encontrando
En él ni leve mancha, su pureza
Harála innecesaria, y la voz mía
Inútil juzgará la Omnipotencia.

Pero ¡qué digo! el corazon materno,
Mar de amor insondable y sin riberas,
Del hijo en quien cifrada está su gloria
La más leve caricia recompensa,

Y basta una palabra, un solo halago
Que de filial cariño indicio séa
Para colmar su dicha, y que al olvido
Dé sus desvelos todos y sus penas.

Recibe ¡oh Madre! de mi amor ardiente
Esta que hora te envío débil muestra,
En tanto que de nuevo al lado tuyo
Con tierno afán mis ojos te contemplan.

Vive por luengos años, y en los nietos
De tus hijos, tu encanto, tu belleza,
Tu claro entendimiento y tus virtudes
Una vez y otra vez renacer véas.

AL SR. CORONEL D. TOMÁS DE REINA,

AL EMBARCARSE PARA PUERTO-RICO.

¡Y te alejas, Tomás¡ ¡Y así las olas
Del mar inmenso donde muere el día
Surcar anhelas! ¿Ni la dulce patria,
Ni la memoria plácida y tranquila
De los felices años que del Bétis
Correr viste en las márgenes floridas,
Ni de amistad los cariñosos lazos
Bastan á detenerte? ¿De tu lira
No más escucharé los blandos ecos
Poblar sonoros la region vacía?....

14

Mas desoye mi voz, no de mi alma
Mude tu intento la profunda herida,
Harto la causa de tu afan conozco,
Harto el impulso que tus pasos guía.
Vuela, sí, vuela, de la fuerte nave
Hienda las olas la cortante quilla,
Lance á torrentes de su centro el humo,
Retumbe la potente artillería,
Y despliéguese al viento en la alta popa
La fúlgida bandera de Castilla.

¡Oh noble enseña de triunfal recuerdo,
Cuántos despiertas en la mente mía,
De honor y gloria y de entusiasmo ardiente
Claros ejemplos! El lejano clima
Á donde el rumbo la acerada prora
Hoy endereza, ¡á cuánta hazaña digna
De inmarcesible lauro ofreció un tiempo
Campo anchuroso! Refulgente brilla
Ante mis ojos de la Reina augusta,
Orgullo de la Hispana Monarquía,
La excelsa magestad; miro en Granada,

Cuando su brazo al Agareno humilla,

Cómo á Colon acoge bondadosa,

Cómo guïada de la luz divina,

Abre á la Fé católica otro mundo

Que el mundo antiguo con asombro admira.

El mismo rumbo que tu nave ahora

Siguió, caro Tomás, la frágil quilla

Que al preclaro Colon, pasmo del Orbe,

Á incógnitas riberas conducía.

Del gran Cortés, del ínclito guerrero

Honor del Guadiana, en cuya orilla

Tanto génio inmortal nació, que ilustra

Tu nombre ¡oh gran Beturia, (*) oh pátria mia!

Se alza tambien la gigantesca sombra

Que el vivo aliento del Señor anima.

En la arenosa playa americana

La voz dirige á su falange invicta,

Rayos lanzan sus ojos, en su mano

La tersa espada de Toledo vibra,

En la siniestra abrasadora téa

Los iberos bajeles ilumina.....

(*) Nombre antiguo de Extremadura.

Postrémonos, Tomás, la ajena historia

No en sus más bellas páginas registra

Empresa tal que compararse pueda

Á la que al héroe hispánico sublima.

De Pizarro y los Trece de la Fama,

De Ponce de Lëon y de Valdivia,

De Almagro, de Alvarado, de Balbóa.....

Pero ¿á qué proseguir? nunca pondría

Término á mi cantar si fiel mi labio

Alzar quisiera á la region Empírea,

En sonorosos himnos, gloria tanta

Como la Fama próvida eterniza.

Á Dios, oh amigo, bondadoso el Cielo

Tu nave impulse á la feliz Antilla

Que supo un tiempo rechazar valiente

Del fiero Drake la agresion impía.

Tú el pabellon que tremoló triunfante

Sobre el hundido Imperio de los Incas

Sabrás ileso conservar, si, torpes,

Del ibero Lëon las justas iras

Osáran provocar, los que ultrajando

Su propio honor, con infernal codicia,

La del Hispano Solio esclarecido,

Preciada joya, arrebatar ansían.

Tú entre el estruendo del cañon y el humo,

Del clarín á la bélica armonía,

Al rudo son del redoblado parche,

La salvadora espada en sangre tinta,

Cantar sabrás las glórias de la Patria,

Émulo digno del egrégio Ercilla.

Á LA SEÑORITA

DOÑA JOAQUINA GÓMEZ DE LA CORTINA.

Tú que debiste á la eternal clemencia
De clara estirpe el esplendente brillo,
De ingenio y de virtud los ricos dones
De la belleza el mágico atractivo,
Hora animosa el láuro que las sienes
Augustas coronó del gran Murillo
Pretendes conquistar, ¡los cielos quieran
Á tus pasos abrir fácil camino,

Y ejemplos tu pincel ofrezca al bueno,

De sacra inspiracion dócil ministro!

Si á retratar aspiras la constancia

De incontrastable fé, si el heroismo

De ardiente caridad pintar anhelas,

Nunca busque tu númen peregrino

En ageno sentir antorcha y guía;

Pinta tu hermoso corazon al vivo,

Y así hallarás los gérmenes fecundos

Que dirigen al bien nuestros instintos,

Y expresarán la vírgen y el mancebo

El que. reside en tí, fuego divino.

Así tu nombre se alzará radiante

Del nombre al par del inmortal Murillo:

Benigna entonce, entre el comun apláuso,

Acoge el eco del acento mío.

Á S. M. LA REINA DOÑA ISABEL II.,

EN SU ARRIBO Á SEVILLA.

Si un tiempo mi tosca lira,
De vivo entusiasmo en alas,
Hizo sonar en los aires
El gozo que la inflamaba,

Cuando Madre á par que Reina
Contra tu seno estrechabas
Por vez primera á tu Alfonso,
Al hijo de tus entrañas,

15

Al que es de tu amor troféo,
Y será honor de tu raza,
Y en quien cifradas contempla
Sus esperanzas la Pátria,

¿Cómo no cantar de nuevo
Y no elevar á tu planta,
En arranque generoso,
Himnos nacidos del alma,

Hoy que vienes presurosa
Á estas leäles comarcas,
Y haces preceder tu arribo
De magnánimas palabras,

Que vuelven el hijo al padre
Y de esposas desoladas
Tornan en júbilo el llanto
Al colmar sus justas ánsias?

¡Oh, si mi acento viviera
Y los siglos traspasára!....
Mas sí vivirá, tu nombre,
Que es su inspiracion, lo salva.

Tu nombre, á quien ya la Historia
En sus páginas depára
Digno lugar entre aquellas
Que á los buenos Reyes guarda.

Tu nombre, que en las almenas
De Tetüan, y en las playas
Del apartado Annamita,
Y en Veracruz, y en la Habana,

Y en los mares que circúndan
La bella region preciada
Que el título de ESPAÑOLA
De reconquistar acaba,

En boca de tus guerreros
Tantas veces resonára,
Como signo de victoria,
Como emblema de esperanza.

Éste para los vencidos,
Aquel á los que triunfaban,
Renovando de otros héroes
La clemencia y las hazañas.

Tu nombre, que pronunciarlo
Para enaltecerte basta,
Y á los siglos venideros
Legar memoria preclara

De tus rasgos admirables,
De tus virtudes hidalgas,
De los triunfos y las glórias
Que tu reinado señalan,

Sin qne quede á mis acentos,
Ni á la Epopeya más alta,
Cosa que á explicar no alcance
ISABEL! palabra fausta,

Que te hace en todo heredera
De aquella gran Soberana,
Orgullo del Trono ibero,
Blason de la historia pátria,

Que cual tú comprender supo
Que es alteza en el Monarca
Ver por sí mismo sus pueblos,
Y por sí curar sus llagas;

Que tremoló sus pendones
Cual tú en Portugal é Italia;
Que llevó cual tú sus huestes
Á las costas Africanas,

Y que obrando cual tú misma
En su propio caso obráras,
Pues es suyo tu alto aliento,
Suya en Dios tu confianza,

Lanzó al Árabe por siempre
De la católica España,
Y dió un mundo al gran Colon
Si un mundo Colon le daba.

Á MI HIJO GONZALO,

DE EDAD DE VEINTE Y DOS MESES.

Hijo mio, dulce encanto,
Delicia de mi existencia,
De tu Madre dicha y glória,
De castos amores prenda,

¡Cuál tu cándida sonrisa,
Espejo de tu inocencia,
De esa inocencia que solo
Dios á los niños reserva;

Cuál tus pasos vacilantes,
Cuál tus palabras, que empiezan
A dar señal evidente
De que retienes y observas;

Y de tus brillantes ojos
La mirada, que revela
Cómo en tí se desarrolla
Y aviva la inteligencia,

Halagan el pecho mío
Y más mi cariño empeñan,
Y el que á tus abuelos debo
Hacen que entero comprenda!

¿Qué más grata melodía
Que aquella que me enagena
Cuando de tu madre el nombre
Ó el mío escucharse deja

En esa tu pura boca
Que, cual otras tantas perlas,
Esmaltan dientes de nácar,
Y corales al par cierran?

¿Ni qué gozo es comparable
Al que mi sér embelesa,
Y desdeñar de un Monarca
Privanza y favor me hiciera,

.

Cuando en mis manos cojiendo
Tu blanca frente serena,
Donde nunca el mal osára
Estampar su impura huella,

Imprimo en ella mis lábios,
Y tú, en amorosa muestra
De tu afecto y tu dulzura,
Blandas frases balbucéas,

16

Y reclinando en mi pecho
Tu idolatrada cabeza
Con entrambas manecitas
Mi cuello enlazas y estrechas?

Me encanta el alegre acento
Con que tu júbilo expresas,
Y ver que jamás á nadie
Extrañeza manifiestas,

Y cómo, cuando una cosa
Admiras por vez primera,
Hacer á todos partícipes
De tu admiracion intentas.

Me encanta la confianza
Con que al descanso te entregas,
Y la expresion que dormido
Tu bello semblante muestra,

Pues parece que tu mente
Con los querubines sueña,
Y á tus hermanos los ángeles
Allá en los Cielos contemplas.

Y la verdad me enamora
Que en tus actos se refleja,
Y ver que tus impresiones
Nada oscurece ni vela.

Que lloras cuando te aflijes,
Y ríes cuando te alegras,
Rechazas lo que no quieres,
Y pides lo que deséas.

Y que el peligro ignorando
Que amenazarte pudiera
A no estar tan vigilantes
Los que siempre te rodéan,

Y mostrando los hoyuelos
Que tus megillas ostentan
Á impulsos de blanda risa,
Solo en tí no picaresca,

En júbilo rebosando
Cien travesuras idéas,
Y nada de tí seguro
Á tu alcance ya se encuentra.

Á veces, cuando contemplo
Cuán gozoso juguetéas,
Y cuál así de mi alma
La dicha toda completas,

Quisiera que eternamente
Tu edad prolongada fuera
Y jamás de otras mayores
Los peligros conocieras.

Mas otras veces, las ménos,
Ya crecido te quisiera,
Y que, mostrándote digno
De tu nombre y tu ascendencia,

Del gran Gonzalo emulabas
Las inmortales pröezas,
Do quier triunfantes alzando
De la Pátria las banderas.

Mas ¡ay! que séa cual fuere
Mi deséo, despues de esta
Vendrá otra edad, y vendrán
Desengaños mil con ella.

Entónces, dulce hijo mío,
Ojalá Dios me conceda
Al lado tuyo encontrarme
Y guiar tu inexperiencia,

Que á veces un acto solo
De juvenil ligereza
Daños sin cuento, y profundos
Pesares tras sí acarréa.

Y en tanto, así que tu Madre,
En tu corazon de cera,
Con la fé y el sentimiento
Grabe verdades eternas;

Dado me séa imprimirlas
Tambien en tu inteligencia,
Á tu razon demostrando
Lo que ya tu pecho sienta.

Que una Religion tan solo
Es sagrada y verdadera:
La que á todos los humanos
Hermanos hizo en la tierra,

Borrando con su palabra
De la esclavitud la afrenta,
Y á la muger transformando
De sierva en esposa tierna.

La que al rico, al poderoso
Santa Caridad ordena,
Y al pobre, al enfermo, al triste
Otro mundo mejor muestra.

La que en los cláustros salvára
El tesoro de las Letras,
Y del Godo á la barbárie
Fué insuperable barrera:

La que á Reyes y á Naciones
Siempre habló con entereza,
Y condenó la anarquía
Y tambien condenó al déspota.

La que ciñe la tiara
Al que último fué en su aldéa
Si en él la llama fulgura
De santidad y de ciencia.

La que, en fin, guïando al hombre
Por hacerlo bueno empieza,
Y espera así confiada
Que la sociedad lo séa.

Y al propio tiempo inculcarte
Que dar la vida y la hacienda
Por el Rey y por la Pátria
Siempre de honrados fué empresa,

Como en tu mismo linage
Altos ejemplos lo prueban,
Que algun día en tu memoria
Dejarán profunda huella.

Y que la regla segura
De hacer el bien en la tierra
Y vivir despues por siempre
En las mansiones etéreas,

Es amar primero á AQUEL
Cuya omnipotente diestra
Produjo en obsequio tuyo
Desde el insecto á la esfera,

Y hacer ó no á tus hermanos
Lo que anheles ó no quieras
Para tí, ¡máxima santa,
Que solo un Dios concibiera!

ÉL, hijo, te haga dichoso,
Y ese candor que demuestras
Y la expresion con que al Cielo
Tus bellos ojos elevas

Cuando al preguntar tu Madre
,,Dónde Dios está" contestas
Con mirada que parece
Que Dios á tí se revela,

De tu honor y tus virtudes
Seguros presagios séan.
¡Bendito mil veces, hijo!
¡Bendito mil veces séas!

Á POLONIA EN 1863.

Aut vincere aut mori.—Pro
Religione et Libertate.
(Lema de la Bandera de Pulawski en 1772.)

¡Polonia! tierra gloriosa
De héroes y mártires pátria,
No ménos célebre y grande
En pröezas que en desgracias!

¿Qué grito hiere mi oido,
Qué voz resuena en mi alma
Que salvando el Pirinéo
Llega al mar de Lusitania,

Y hace en tí clavar los ojos
Con anhelante mirada,
Y hervir la sangre en las venas,
Y hácia tí mover la planta?

Es el grito pavóroso
De tu audáz Águila blanca
Que de nuevo á la peléa
Á tus fieles hijos llama.

Es tu voz, que, de Pulawski
La bandera desplegada,
En torno tuyo convocas,
Blandiendo la férrea lanza,

Á los dignos herederos
De las ínclitas hazañas
Que á Sobieski y Segismundo
Láuro eterno conquistáran.

Eres tú que hecho pedazos
El yugo que te humillaba
¡Religion é independencia!
Y *¡vencer ó morir!* clamas.

¿Y cómo no ha de inflamar
El pecho mío tu cáusa,
Al escuchar tus acentos
Entre el humo y la metralla,

Si regó de mis mayores
La sangre nunca manchada
Los campos de Extremadura
En defensa de la Pátria,

Al par que de Cádiz otros
En las invictas murallas,
Y del mar que las rodéa
En las turbulentas aguas,

Con no menor entusiasmo
Y en Dios puesta la esperanza,
Como buenos combatiendo,
Tambien por ella lidiaban?

¡Oh sí, Polonia! mis votos
En la lucha te acompañan,
Y no es tan solo mi pecho
El que ardiente los exhala,

Que tambien por tí se elevan
Al Señor de las Batallas
Los de todos cuantos deben
El sér á la noble España.

Á la Nacion cuyo Rey
Fué el solo que protestara
Contra el torpe, inícuo pacto
Que tu particion consagra.

Á la que, cual tú en Viëna,
Salvó á la Europa asombrada,
En los mares de Lepanto,
De la barbárie otomana.

Y en sus guerras contra el Moro
De Covadonga á Granada,
Y en Bailén, y en Zaragoza,
Y en la Albuera, y en Chiclana,

Supo al mundo mostrar siempre
Con su esfuerzo y su constancia,
La Cruz por guía y enseña,
La diestra asida á la espada,

Que el pueblo que libre quiere
Ver su cuello de la infamia
Que imprime extrangero yugo,
Del triunfo logra la palma.

Mas no invoques, si auxiliares
Para tu empresa demandas,
Victorias sobre otros héroes
Que por causa igual lidiáran,

Cual lo has hecho recordando
De Somosierra la falta,
Cuando del Francés Imperio
Seguiste el pendon á España

Y un Prócer y vate egrégio,
En los llanos de la Mancha,
Cayó moribundo al golpe
De las polonesas lanzas   (11).

Ni olvides, cuando tu esfuerzo
Y tenaz perseverancia
Logren al cabo tornarte
Nacion libre y soberana,

Que á ser presa te trajeron
De Rusia, de Prusia y Austria,
Discordias, revueltas, odios,
Fruto de leyes infáustas,

Que tu glória oscurecieron
Y entregáronte aherrojada
Á los que un pretexto solo
Para desgarrarte ansiaban.

Sé libre, mas sé prudente;
Ser valerosa no basta:
Solo el triunfo consolidan
Cordura, union, leyes sábias.

18

Á UN AMIGO

CON MOTIVO DE SU PARTIDA

DEL CASTILLO DE GIGONZA.

Mal hiciste, dulce amigo,
Mal hiciste en ausentarte
De las selvas y los campos
En que tanto bien halláste,

Pues alzándose no léjos
De tus jerezanos lares,
Á donde con tal presura
Y empeño tanto volaste,

Al par que salud te brindan
No te tuvieran distante
De la bella á quien rendido
Aquí tu amor entregaste,

Y de quien, por más que ahora
La presencia no gozáses,
Tiernas memorias halláras,
Que tu dolor aplacásen,

Si no en mármoles y bronces,
En las fuentes y en los sáuces,
De los Baños en la senda,
Del Castillo en los umbrales.

¿Por qué, dí, no detuviste
Esos tus pasos fugaces
Y de esta hermosa comarca
No más el placer gozaste?

¿La recuerdas? De Gigonza
La árabe torre, á Levante
De Jerez la frente muestra
Sobre harto célebres valles;

Que por ellos Guadalete
Corre aun teñido en la sangre
Que un tiempo brotar hicieron
En su generosa márgen,

Atractivos de Florinda
Y de Rodrigo desmanes,
Á España en herencia dando
Ocho siglos de combates.

Cércanla en torno eminencias
Entre las que sobresale
Cual régia palma de Oriente
Entre bosques de arrayanes.

Y de su cima almenada
Vése allá, donde el Sol nace,
Desde Alcalá la morisca
Hasta la Sierra del Valle.

Al tiempo que, donde muere,
Se vé á lo léjos cual baten,
Y vienen sobre la playa
Una tras otra á estrellarse,

Las nunca tranquilas olas
Del soberbio mar de Atlante
Que humillaron las primeras
Del gran Genovés las naves.

Y por Mediodía y Norte
Medina y Arcos no en valde
Contémplanse, que despiertan
Recuerdos no ménos grandes.

Éste con Rodrigo Ponce,
Que las insignias ducales
Ciñó á su frente gloriosa
Por hechos mil memorables.

Aquel con la clara estirpe
Que, para ejemplo á lëales,
Ostenta en su noble escudo,
El blason de los Guzmanes.

De la torre al pié se miran
Cien pintorescos paisages,
Y senderos que brindando
Á recorrerlos se abren.

Aquí espesándose un monte
Juzgárase impenetrable,
Que apénas los ojos pueden
Paso abrirse en sus jarales.

Allí onduladas campiñas,
En que ricas mieses nacen,
Permiten que en lontananza
Inmensa extension se abrace.

Arroyos murmuradores
Dán blando riego y constante
Á adelfas y madreselvas
Que grato perfume esparcen.

Y escondidas enramadas
Convidan á reclinarse
Sobre la mullida alfombra
Do la suelta cabra pace.

Al paso que entre las flores
Ocultas canoras aves
Con deliciosa armonía
Dán sus gorgéos al aire,

Al compás con que las áuras,
Acariciándolas suaves,
Por escucharlas, apénas
Las sutiles alas baten.

Brotan por dó quier callados
Purísimos manantiales
Que frescas aguas ofrecen
De virtudes admirables,

Y, por último, en el bosque
Que del Castillo delante
Se extiende, vénse los Baños
Que dán fama á estos parages,

Y en que infinitos recobran
El bien más inestimable,
La salud, que ya perdida,
Por siempre lloráron ántes.

¡Y cómo tan bello cuadro
Anímase cada tarde
Cuando, despues que el Lucero
De Vénus comienza á alzarse,

Derrámanse por las cumbres
Y los bosques más distantes
Cuantos, la salud buscando,
Acuden á estos lugares!

¡Cómo sobre el claro verde
Del lentisco y el follage
Verde oscuro que distingue
Á acebuches y morales,

Y el color de oro del heno
Que sirve de fondo y márgen
Á entrambos, y á cuantos bordan
Llanuras, montes y valles,

Destácanse los matices
De los vaporosos trages
Que de cien hermosas damas
Ornan los flexibles talles!

¡Y cuál del afecto unidos
Por los vínculos amables,
Que aquí la amistad florece
Harto más que en las ciudades,

Todos gozosos paséan,
Y alegres todos departen,
Y en torno de alguna fuente
Beben sus claros raudales!

¡Nadie al mirarlos creyera
Que enfermos allí se hallásen!
¡Tal júbilo resplandece
De todos en los semblantes!

Veloces las horas corren,
Y despues, en los umbrales
Del Castillo, el viento pueblan
Cantos en que sobresalen

Ora el hondo sentimiento,
Ya la gracia incomparable,
De que siempre Andalucía
Mostrarse pródiga sabe.

Mas suena una campanada
Y al Rosario todos vánse,
Que, si cristiano es el dueño,
Sónlo tambien los bañantes.

En tanto ya de la noche
Tiéndese el manto, y el báile
Comiénzase en el Casino,
Y unos juegan, y otros tañen.

¿No estos recuerdos te mueven
Á tornar á estos lugares,
Do testigo es cada piedra
De la fé que aquí juraste?

Vuelve, vuelve, dulce amigo,
Y de nuevo tus cantares
Resuenen como solían
En los montes y en los valles.

Así tambien con la ausencia
Tu amor podrá acrisolarse,
Y de más precio á los ojos
Así será de tu amante.

Á LA SEÑORITA

DOÑA MARÍA LUISA ALVAREDA,

EN SU ALBUM.

Flor de preciado atractivo
Es la flor de la belleza,
Su vivo matiz encanta,
Su blando aroma deleita.

Cual faro que alienta y guía
De la noche en las tinieblas,
Alúmbranos en el mundo
La luz de la inteligencia.

Y para alcanzar la palma
Que Dios al bueno reserva,
Es la virtud bienhechora
La que el camino nos muestra.

¡Feliz aquella en quien brillan
Unidas tan claras prendas!
¡Feliz tú, que así atesoras
Virtud, talento y belleza!

Á FERNAN CABALLERO.

Caro Fernan, cuyo nombre
De polo á polo se extiende   (xi),
Y cuyas altas virtudes
No hay quien no estime y respete;

Tú que de pura moral
Y de pátrio amor ardiente
Ejemplo dás en tus libros
Cual en tu vida lo ofreces,

20

Y cuyas nobles palabras,
Del corazon hijas siempre,
No hay pueblo en que no se escuchen,
Ni hogar en que no penetren,

¡Cuán inmenso, cuán glorioso,
Es el servicio que puedes
Prestar á la Madre España
En la contienda presente!

Á España, que el puro seno
Desgarrado muestra, y vierte
Raudales de amargo llanto
Que cáusan hijos crueles.

¿Quién cual tú de tolerancia
Alzar la bandera debe?
¿Quién cual tú de paz ser íris
En la tormenta que acrece?

¡Tú que grande entre los hombres,
Más grande entre las mugeres,
De aquellos el alto ingenio,
De estas la ternura tienes!

Álzala, pues; de tus lábios
Broten acentos que lleven
Á los ánimos concordia,
Hijos á la Pátria fieles.

¿Cuándo de lid fueron armas,
Á no sostenerla aleves,
La impostura y la calumnia,
Y los dicterios soeces?

En esta tierra de hidalgos,
¿No existe ya quien recuerde
La sentencia de: *No quita*
Lo cortés á lo valiente?

¿Es posible que, á los daños
Que á la nacion sobrevienen
De que discordes opinen
Los que unidos fueran fuertes

Para lidiar como buenos
Bajo los gloriosos pliegues
Del pendon que tremoláron
Los Alfonsos é Isabeles,

Ha de añadirse la mengua
De no conceder que puede
Ser digno y noble el contrario,
Y que claro ingénio tiene?

¿Pues qué, insensatos, tan sólo
En vosotros se comprende
Cuanto de honrado y discreto
De España el suelo contiene?

¿Todo aquel que con vosotros
No comparta ciegamente
Opiniones y doctrinas
Vil ó necio ha de creerse?

¿Á qué aspirais, oh Partidos?
¿Qué ofusca así vuestra mente?
¿Qué juzgará Europa, el mundo,
De esta nacion que carece,

Segun vosotros, de todo
Lo que en las demas resplende,
Y do no hay virtud, conciencia,
Un hombre entre tantos séres?

¿En qué atmósfera de ódio
Sumir á España se quiere?
¿Qué bárbaro antagonismo
Aquí crëar se pretende?

¡Aquí do nunca existiera
Entre clases diferentes,
Y el camino á los honores
Franco estuvo á todos siempre!

¿Es así como los pueblos
Se mejoran y engrandecen?
¿Es así como se alcanzan
De dicha y de paz los bienes?

¡Ah, ciegos! de luto y llanto,
De desventura perenne,
Tan funesto desvarío
Sólo cosecha promete.

Volved en vos, respetad
Si pretendéis que os respeten,
No entrada déis á pasiones
Que degradan y envilecen;

De tiempos que ya pasaron
Conservad lo que enaltece,
Mas nunca su intolerancia,
Que mal cuadra en los presentes.

Dadnos libertad que ilustre,
No licencia que envenene,
Ni igualdad, que es vana utópia,
Cuando iguales no hay dos séres.

Hermanos sí, que es más alto.
Ni sólo en los lábios reine
La hermandad; vuestras acciones
Claro su imperio revelen.

Fiad más en las doctrinas:
Sin revueltas ni vaivenes
Llegó á ornar la Cruz de Cristo
Las banderas de los Césares.

Haced por que aún en el mundo
Español é hidalgo suenen
Como palabras gemelas
Que una misma idéa expresen.

¿Mas á donde de mi pecho
Dejo que las ánsias vuelen?
Guardar silencio me toca,
Cese ya mi lábio, cese.

Sólo á tí, Fernan insigne,
Es dado que tal intentes;
Tus populares acentos
Sólo escucharse merecen.

Habla, y así dos coronas
Al par ornarán tu frente,
Más preciada la de oliva
Que la egrégia de laureles.

Á LA SEÑORA CONDESA DE MONTEAGUDO,

EN UN ALBUM QUE REGALABA

Á LA SEÑORITA

DOÑA MARÍA DE LA CONSOLACION MOTA,

CON MOTIVO DE LAS BODAS DE ESTA.

Es, Condesa, imposible
Que el más sonoro verso
Nunca expresar consiga
Mejor que tus acentos
El cariñoso apláuso,
El sin igual contento,
Con que miran tus ojos
El gozo de Consuelo.

No mi lira, tu labio

Diga pues, en conceptos,

Como tuyos lëales,

Cual tu cariño tiernos,

La singular ventura

Que predice tu afecto

Á la modesta vírgen,

Que en el sagrado templo

Por siempre unirse debe

De su amor al objeto.

—

Díle, cual tú lo juzgas,

Que de su rostro bello

Los hechiceros rasgos,

Son de su claro ingenio,

De su dulzura innata

Y su virtud espejo;

Como apacible lago

Que en el cristal sereno

En fiel retrato copia

La bóveda del Cielo.

—

Y que con prendas tales,

Que prendas son de acierto

Para el doncel que ahora

Arde en amante fuego

Y que en feliz esposo

Ha de tornarse presto,

Logrará que por siempre

Aquel á quien su pecho

Dá el tierno "*sí*" que el labio

Repite placentero,

En la tierra contemple,

Como goce supremo,

El ser de los tesoros

De su cariño dueño.

LA ORACION. (*)

Á esta santa hora
Se despide el día,
La campana suena:
¡Ave María!

—

Del Cielo el Querube,
Que al Sol vence en brillo,
Vuestro nombre ensalza,
Reina del Empíreo.

(*) Traduccion de una ROMANZA compuesta en francés para una Princesa de la Real Familia de Orleans.

Á esta santa hora
Se despide el día,
La campana suena:
¡Ave María!

—

Bajo vuestro manto
Reposan tranquilos
El niño en la cuna,
El ave en el nido.

Á esta santa hora
Se despide el día,
La campana suena:
¡Ave María!

—

Vos la vela sóis
Del pobre marino,
Vos la clara estrella
De los peregrinos.

Á esta santa hora
Se despide el día,
La campana suena:
¡Ave María!

—

Bálsamo en vos halla
El mísero herido,
El desamparado
Halla en vos abrigo.

Á esta santa hora
Se despide el día,
La campana suena:
¡Ave María!

—

Vuestro dulce nombre,
De ventura signo,
Dá á quienes lo llevan
Célico atractivo.

Á esta santa hora
Se despide el día,
La campana suena:
¡Ave María!

—

Así las Marías
En coro escogido
Para unirse á vos
Álzanse al Empíreo.

La postrera lumbre
Se extingue del día,
La campana cesa:
¡Ave María!

SONETOS.

Á LA FIESTA DE LA EUCARISTÍA.

¡Gloria á tí, Señor Dios! En las alturas
Himnos el Ángel de alabanza entone,
Y tu ternura ensalze y la pregone
La voz de las humanas criaturas.

Hoy, presagiando célicas venturas,
Darse al hombre en manjar tu amor dispone,
Y por que más su dicha se corone
Bienes sin fin y gracia le aseguras.

¡Oh inefable misterio! Jamás pudo
Tal maravilla imaginar siquiera
El mísero mortal. ¡Solo el Potente,

Que, de sacra piedad nunca desnudo,
Por dar la vida á quien en él espera
Es de clemencia inagotable fuente!

DIOS Y EL HOMBRE.

(ANTE UNA CRUZ.)

De ese madero, ignominioso un día
Y hoy timbre de valientes y de sabios,
Apurados del hombre los agravios
La salvacion universal pendía.

En rabia fiera el populacho ardía,
Y, léjos de apiadarse, de sus lábios
No acentos de pesar ni desagravios
Brotan, mas voz de bárbara alegría.

Míralo el que es prodigio de ternura,
Y al Padre á quien pidió fuerza y consuelo
Demanda su perdon; y por su hechura

Vela de entónces con ferviente anhelo.
¡Cuán ingrata y feroz la crïatura,
Y cuán dulce y sublime el Dios del Cielo!

LA SANTA CRUZ.

¡Siempre, siempre la Cruz! Desde que al viento
Dióla con fé Pelayo en la montaña
No hay triunfo, no hay pröeza en nuestra España
Que impulso no la deban y alto aliento.

¡Testigos ocho siglos de ardimiento
Contra el Hijo de Agar, y tanta hazaña!
¡Testigo el mar que nuestras costas baña
Y es á Colon perenne monumento!

Testigos..... ¿mas el signo del Calvario
No ha de ser prenda cierta de victoria
Si en él quiso expirar quien nos dió vida,

Y quien hizo del fúnebre sudario
Manto inmortal de sempiterna gloria
Y al morir á la muerte vió vencida?

Á LA PURÍSIMA CONCEPCION,

PATRONA DE ESPAÑA.

Reina y Señora del Empíreo Cielo,
Tú á quien mi Pátria protectora llama,
Y el hombre siempre en sus dolores clama
De tí esperando perenal consuelo;
    La sola INMACULADA, la que el suelo
Libertadora del humano aclama,
Y cuyo sacro corazon inflama
De perdurable amor férvido anhelo,
    Al Supremo Poder, al Dios que un día
En tus entrañas albergarse quiso
Del Orbe siendo pasmo y alegría,
    Ruega que de tu España el indiviso
Claro país, que siempre en tí confía,
Nunca al Extraño muéstrese sumiso. (12)

EN EL FAUSTO NACIMIENTO
DEL PRÍNCIPE DE ASTURIAS.

Hoy que en júbilo inmenso el pueblo Hispano
Se agrupa en torno de la Régia cuna,
Donde, nuncio feliz de tu fortuna,
Bendícete al nacer el Vaticano;

Hoy que al Rey de los Reyes Soberano,
En oracion ferviente cual ninguna,
La voz eleva Aquella en quien se aduna
De Reina y Madre el gozo sobrehumano;

Hoy unidos aquí, do con fé nueva,
Del mútuo afecto en generoso alarde,
El lazo antiguo de hermandad sellamos,

De lealtad y de amor en clara prueba,
De Daoiz el ejemplo y de Velarde,
¡Oh esperanza de España! te mostramos. (13)

A ESPAÑA,

CON MOTIVO DE LAS EXPEDICIONES MILITARES DE COCHINCHINA, MÉJICO Y EL RIFF. (14)

Allá á las costas de Turana envías
Muestra brillante del valor natío,
Y á Méjico y al Riff con noble brío
Naves y huestes presurosa guías.

¿Será que tornan los antiguos días
De gloria insigne y alto poderío,
Y el hado ántes adverso, hora ya pío,
Tus duelos trueca ¡oh Pátria! en alegrías?

Sí; que los manes de Guzman el Bueno,
Del gran Cortés, de Córdoba y Pizarro
Por tí constantes velan, Madre España;

Y el mundo todo, de respeto lleno,
Aun ha de verte en el triunfante carro
Y ha de admirar hazaña tras hazaña.

EN LA TOMA DE TETUAN.

¡No mi afán me engañó! Musa que inspira
Es de Amor de la Pátria el sacro fuego,
Yo á su influjo vivífico me entrego,
Y nuncio de verdad vibró mi lira.

España áun es España: el Orbe mira,
De noble sangre al fecundante riego,
Cual torna á alzarse fuerte la que ciego
Presa juzgaba de funérea pira;

Annam sucumbe, cede el Mejicano (15),
Y en la ciudad al Marroquí sagrada
Al aire flota hispánica bandera,

Al par que Europa ensalza entusiasmada
De O'Dónnell, Prim, Bustillo y Ros de Olano
Los nombres, caros á la gente ibera.

23

A SS. AA. RR.

LOS SERMOS. SRES. INFANTES DE ESPAÑA,

DUQUES DE MONTPENSIER,

CON MOTIVO DE LA RESTAURACION DE LA CASA
EN QUE MURIÓ HERNAN CORTÉS.

Yace la Madre España en triste duelo
El alma presa de mortal quebranto;
Los claros ojos que enrojece el llanto
Fija afanosa en el tendido cielo.

"¿Cómo, Señor, tu próvido desvelo
Mira tranquilo que el retiro santo
Del gran Cortés, á la barbárie espanto,
Hoy se derrumbe en el hispano suelo?"

Dijo y calló: del Trono diamantino
Ráudo desciende paraninfo hermoso
Del régio Bétis á la fresca orilla;

Y á impulsos del Espíritu divino
La morada del héroe portentoso
Restáuran los Infantes de Castilla.

EN LA RESTAURACION

DEL

MONASTERIO DE LA RÁBIDA.

(15 DE ABRIL DE 1855.)

Magnánimo Colon, tú á quien un día
Prestó este asilo venerable y santo
Amiga sombra, al enjugar tu llanto
La fé en tu ciencia que en Marchena ardía;

   Tú á quien la Reina generosa y pía,
La gloriosa Isabel, de España encanto,
Benévola acogió bajo su manto
Para honra eterna de la patria mía;

   Héroe inmortal, á cuya voz un mundo
Brotó del seno de los anchos mares,
Digno premio á tu esfuerzo sobrehumano;

   Regocíjate ¡oh Genio sin segundo!
Hoy que restáura tus piadosos lares
Un Príncipe de aliento soberano.

•

EN EL NACIMIENTO
DEL INFANTE
DON FERNANDO DE ORLEANS Y BORBON.

¡Nació! Cual nunca la potente diestra,
Del infierno terror, gozo del cielo,
Dejó cumplido el maternal anhelo
De la que ardiendo en fé siempre se muestra.

¡Nació! y el que en la bélica palestra,
Sacro Monarca del Hispano suelo,
Fué de valor y de virtud modelo
Y al Árabe arrancó la Ciudad nuestra (16),

Contémplale risueño, y con su nombre,
Fáusto anuncio de dichas y de glória,
Le dá el amor de la Nacion Ibera,

Y que, alcanzando perenal renombre,
Los ejemplos renueve y la memoria
Del magnánimo Infante de Antequera.

EN EL RESTABLECIMIENTO

DE LA

INFÁNTA DOÑA CRISTINA DE ORLEANS Y BORBON.

De fiebre infáusta la abrasante mano
Pósase audaz en la infantil Cristina,
Y de su tersa frente alabastrina
Torna el puro matiz en fuego insano.
    Publícalo la Fama, y desde el cano
Pirene hasta las costas que domina
La montaña del África vecina
Rompe en ayes España, mas en vano.
    Crece sin freno el mal, á la que adora
Vé espirante Lüisa y entrañable
Plegaria eleva, en lágrimas bañada;
    Escúchala el Señor, de la que implora
La caridad contempla inagotable
Y allá en los Cielos resonó: SALVADA!

DOS DE MAYO.

Truena el cañon: intrépido Velarde
Corre á afrontar la muerte en la peléa,
El acero en su diestra centelléa,
Fuego divino en sus miradas arde.

Muere, de patrio amor en santo alarde
Que Europa un dia con asombro véa:
Signo de paz el extrangero ondéa
Y Daoiz sucumbe á su traicion cobarde.

Rásgase entonce el alto firmamento
Y del egrégio conde de Gazola (*)
Suena la augusta voz: "¡Sublime dia,

(Exclama en celestial arrobamiento)
„Estos mis hijos son, esta la sola
„Ventura que restaba al alma mia!

„¡Tú inspiraste, Señor, tan grande hazaña!
„¡Siempre en mis hijos las encuentre España!"

(*) Fundador del Colegio de Artillería.

Á LA MEMORIA

DE MI VENERADO ABUELO EL CAPITAN GENERAL
DE LA ARMADA

D. JUAN RUIZ DE APODACA,

CONDE DEL VENADITO;

EN SU MISION DIPLOMÁTICA Á LÓNDRES.

Cuando los aires impetuoso hendía
El nuevo Marte en resonante carro
Y desde Cádiz al confin navarro
España en guerra asoladora ardía;
    Cuando Europa aterrada enmudecía
Rotas sus huestes cual de frágil barro,
Y, so la planta del francés bizarro,
La frente, un tiempo vencedora, hundía,
    Tú que el ejemplo de Madrid seguiste
Y de Lepanto el estandarte augusto
En la enemiga escuadra tremolando
    Glorias á España y á tu nombre diste;
Tú, á quien la Pátria en entusiasmo justo
Llevó á Lóndres, su honor en tí fiando,
    Y á cuyo influjo blando
El gérmen de la paz brotó fecundo,
Tú coadyuvaste á libertar el mundo.   (17)

.

EN LA MUERTE

DE MI MALOGRADO AMIGO Y COMPAÑERO

DON JUAN KIRKPATRICK.

Al peso del dolor cede mi frente
Y doblo ante un sepulcro la rodilla,
Hondas lágrimas surcan mi mejilla,
En fuego abrasador arde mi mente:

    Triste recuerdo de amistad ferviente,
Ya malograda, para herirme brilla,
Perdida lloro la virtud sencilla
Que fué encanto del alma juntamente.

    Entonce al trono del Señor del mundo
Álzase el corazon en ráudo giro
Ansiando haber á mi dolor consuelo,

    Y al Padre de la luz, en luz fecundo,
Ruego que mire aquél por quien suspiro
Mi acerba pena desde el almo cielo.

Á LA SRA. DOÑA ANTONIA DIAZ DE LAMARQUE,

POR SU ODA

EN HONOR DE NUMANCIA.

Hoy que resuena el Pindo castellano
Con el sentido y plácido concento
De Damas cien, que al vagaroso viento
El fruto dán de ingenio soberano,

Tú, contemplando el heröismo hispano,
Alzas con noble impulso el claro acento,
Y dás nueva existencia, nuevo aliento,
Al Numantino, asombro del Romano.

Y así como Corina obtuvo en Grecia,
Con Píndaro al luchar, la verde rama
Que en vano cinco veces disputóla,

Así tú, de quien ya Sevilla precia
El sublime cantar, y á quien aclama,
Ciñes láuro inmortal, Musa española.

Á GIBRALTAR. (18)

Cual de honor, lëaltad y excelsa gloria
Fuiste insigne tëatro el negro día
En que tus moradores á porfía
Dieron ejemplo de inmortal memoria,

Eres de entónces en la pátria historia
De vergüenza padron, que el alma mía
No en vano con furor contemplaría
Si hoy mi voz fuera signo de victoria.

¡Oh si á mi duelo, al ver que la bandera
Que Villacréces, y Arcos, y Guzmanes
En tu muro ondëaron, no tremola,

Poder igual de crëacion se uniera!
¡Cuál brotáran egrégios capitanes
Que en tí otra vez claváran la española!

AL CAPITAN D. JUAN JUSTINIANO,

ESTIMULÁNDOLE

Á CONTINUAR SU INTERRUMPIDO POEMA:

HERNAN CORTÉS.

¡Tú desmayar, oh amigo! ¡Tú que un día
Con estro poderoso celebraste,
Y á la region más alta sublimaste
Los claros triunfos del que en Dios confía!

¿Despareció tal vez la fé en que ardía
Tu noble corazon cuando cantaste
La hazaña de Rogér, y te aprestaste
De Cortés á loar la valentía?

¡Oh, no es posible, no! la épica trompa
De nuevo empuña, y con fogoso aliento
Del Extremeño insigne ensalza el nombre;

Y cuando el canto tuyo el aire rompa
Verás cual te conquista tu alto acento
El apláuso inmortal que anhela el hombre.

AL REGIMIENTO DE HÚSARES DE LA PRINCESA,

EN SU REGRESO

DE LA MEMORABLE CAMPAÑA DE ÁFRICA.

(Soneto de consonantes forzados.)

Sí, contempladlos: son los *campeones*
Que á la carga lanzando sus *corceles*
En Castillejos, triste á los *Infieles*,
Del Moro arrebataron los *pendones*.

Los que en nuevos combates, de *leones*
La fama al conquistar, no de *crueles*,
Á su frente ciñeron más *laureles*
Que de Roma alcanzaron las *legiones*.

Son los que España entusiasmada *espera*,
Los que el pueblo conserva en su *memoria*,
Y Europa con asombro partir *viera*.

Grabad, pues, sus hazañas en la *historia*,
De flores alfombradles la *carrera*,
Elevad monumentos á su *gloria*. (19)

Á LAS
CUATRO ÓRDENES MILITARES.

Cuando rota en pedazos se mostraba
La unidad de la hispana Monarquía,
Y rota entre sus Reyes la armonía
Segundo Guadalete amenazaba,

De Alcántara, Santiago y Calatrava,
Y de Montesa luego, á luz nacía
La sagrada, marcial caballería,
Y de nuevo la Pátria se salvaba.

Cuatro siglos sus lides contempláron;
De Lasso, Calderon, Quevedo, Ercilla,
Sus insignias despues el pecho ornáron.

Si en armas como en letras maravilla
Su historia, y nuestros tiempos alcanzáron,
¿Quién extinguirlas osará en Castilla?

Á MI DULCE COMPAÑERA.

Á tí, Elisa, bien mío, el alma debe,
Ansiosa de expresarte su ternura,
De nuevo cultivar la ardiente y pura
Sublime Poesía, que hoy me mueve.

Á tí de dulce paz los años nueve
Que en santo lazo, del Potente hechura,
Á tu lado han corrido, y la ventura
Que el corazon y el ánimo conmueve.

Á tí gustar de padre las delicias,
El placer de sentir del hijo blando
Las infantiles plácidas caricias.

Suene mi canto, pues, que si cantando
Mi amor un día te mostró mi acento
Tambien debe hoy alzarse al libre viento.

NOTAS.

NOTAS.

(1). Al consignar el nombre de Mr. Antoine de Latour, cumplo con un deber de buen español manifestándole mi gratitud por la justicia é imparcialidad con que en sus notabilísimas obras sobre nuestro país se expresa, y que tan en alto grado contrastan con el carácter que distingue á la mayor parte de los escritos que acerca de nuestra historia, letras, artes y costumbres se dán á la estampa en el vecino imperio. Identificado Mr. de Latour con España, y muy particularmente con Sevilla, á ejemplo del augusto Príncipe de quien es leal servidor y al cual tanto debe nuestra Pátria, así como este se afana por levantar los derruidos muros de antiguos monumentos, testimonio vivo de nuestras glorias, y por venir en apoyo del desvalido, del ignorante, de todo aquel que necesita amparo y proteccion, secundando en esto eficazmente á su excelsa Esposa la digna hermana de nuestra Reina, el ilustre escritor á quien aludo pugna con no menor perseverancia ni ménos laudable deséo por realzar en la opinion de sus compatriotas á la antigua y la moderna España, mostrándoles á luz verdadera sus altos recuerdos de otros dias, sus grandes tradiciones, sus hombres insignes, su generoso espíritu, y la faz que á ojos imparciales presenta nuestra actual sociedad, en la cual pueden fundarse tantas y tan legítimas esperanzas.

Reciba, pues, Mr. de Latour este testimonio de mi gratitud,

al cual se asociarán sin duda alguna cuantos léan estas líneas y sientan latir en su pecho un corazon español.

(2). Sabido es que Blanca de Castilla y Ana de Austria, Princesas españolas ambas y hermana la última de Felipe IV, dieron el sér á dos de los más grandes Monarcas franceses, San Luis y Luis XIV.

(3). Al escribirse esta composicion se pretendia que España tomase parte en la guerra de Oriente uniéndose á las potencias que auxiliaban á Turquía.

(4). Refiérome en el pasage á que corresponde esta nota al Brigadier D. José de Gabriel, Caballero del Hábito de Alcántara y hermano de mi padre, que nacido en la Ciudad de Badajoz el 21 de Abril de 1769, y habiendo servido con distincion en el Cuerpo de Ingenieros, hasta el empléo de Teniente Coronel, prestó grandes servicios á la causa nacional en la memorable guerra de la Independencia y murió con el heroismo de un antiguo romano el 19 de Febrero de 1811 en la batalla del Gébora, empeñada contra su parecer y el de muchos entendidos oficiales. De la *Noticia Biográfica* que de él he publicado tomo las siguientes líneas relativas á su gloriosa muerte:
«Rotos y deshechos los Españoles en aquel aciago dia, abandonada nuestra infantería por las tropas de las demás armas que se retiraban en desórden sobre Elvas, y viendo de Gabriel que todo estaba perdido y que nada le era dado ya remediar como gefe, lleno de generoso despecho y resistiéndose á su noble valor huir del campo de batalla, dirigióse resueltamente hácia las filas francesas, seguido solo de tres soldados, cuyos nombres no conserva desgraciadamente la Historia. Cual otro Pedro González de Mendoza en la funesta jornada de Aljubarrota, ya que no podia dar el caballo á su Rey, salvándole la vida á costa de la suya propia, *entróse á morir lidiando,* segun la sublime expresion del romance popular, y ansioso de ser útil á los suyos al

sacrificarse así á ciencia cierta en las aras de su patria, arrojóse sobre el Duque d' Arenberg, que á la cabeza del Regimiento de caballería que mandaba, preparábase para cargar á un corto resto de infantería española que aun se conservaba firme. Atravesó con ardimiento las filas enemigas, penetró hasta d' Arenberg, y tirándole una furiosa cuchillada hubo de errar el golpe, consiguiendo únicamente herirle el caballo. En el instante mismo cayó sin vida atravesado por los oficiales que rodeaban al Duque, espirando en sus lábios las palabras de *fuego, fuego,* con que lleno de valor indomable animaba á completar su hazaña á los soldados que le seguian.»

(5). Los cuatro primeros versos de la octava á que se refiere la presente nota están calcados, con las variantes necesarias para expresar mi pensamiento, sobre los del gran Quintana en su poesía al Panteon del Escorial:

«¡Qué vale, oh Escorial, que al mundo asombres
«Con la pompa y beldad que en tí se encierra,
«Si al fin eres padron sobre la tierra
«De la infamia del Arte y de los hombres!»

¡Infames el Arte y los hombres que levantan un templo á la Divinidad con ocasion y en memoria de uno de los más altos triunfos de la Patria! Imposible parece que el claro talento y el patriotismo ardiente de poeta tan insigne y tan buen español fueran ofuscados á tal punto por su aversion á Felipe II; Monarca que, dicho sea en verdad, aunque solo tuviera el mérito de haber impedido, manteniendo la unidad religiosa, que se perdiera entre nosotros la unidad nacional, como hubiera en otro caso acontecido, siendo tantas y tan profundas las diferencias que en leyes, usos, costumbres, y hasta en lenguaje, separaban las diversas partes que en nuestra Península constituian la recien formada Monarquía Española, habría adquirido titulos bastantes á la gratitud de cuantos en ella hemos nacido.

Sensible es que el odio y las calumnias de los enemigos de España y de la Religion civilizadora por excelencia, hayan logrado extraviar el criterio de algunos al tratarse de juzgar á un Príncipe que, dadas las condiciones y el espíritu de la época en que vivió, es uno de nuestros más grandes Reyes. No de otro modo lo califica en la historia, más bien severa que benévola, que de él escribió, el ilustre General San Miguel, cuya autoridad no créo que pueda recusarse como sospechosa; ni parece que debia calificarlo diversamente quien, como Quintana, tanto aféa á Góngora que en su Cancion al armamento de Felipe II contra Inglaterra trate á la célebre Isabel, Soberana de este país, con la dureza con que lo hace, prescindiendo de sus altas cualidades y fijándose solo en sus vicios y defectos.

(6). La magnífica *Concepcion* de Murillo que hoy se admira en París en el salon cuadrado del Muséo del Louvre, y á quien me refiero en esta composicion, fué adquirida para dicho establecimiento, en virtud de órden del entónces Presidente de la República Francesa, hoy Napoleon III, por el conde de Nieuwerkerke, Director de sus Muséos, en la venta de la Galería del Mariscal Soult efectuada en 1852; habiendo ascendido su importe, inclusos ciertos derechos y gastos, á la enorme suma de 615.300 francos ó séa 2.338.140 rs. vn.; cifra verdaderamente extraordinaria, pues jamás se ha acercado ni con mucho á ella lo satisfecho por cuadro alguno.

El anuncio de la venta de esta famosa Galería, compuesta casi en su totalidad de cuadros españoles de los primeros maestros, y la exposicion que la precedió, habian excitado de tal manera la atencion pública en Paris y en todos los paises cultos, que la concurrencia á ella fué incalculable, teniendo representantes en las apiñadas filas que llenaban la calle del Sendero, en que existe la casa en que se verificó, y las escaleras y salones de esta, todas las naciones civilizadas de Europa y América. Hubo momentos en que apénas se podia respirar en los últimos, tal era la afluencia de gentes; y nada puede dar idéa del afanoso interés con que aquel inmenso concurso seguia las peripecias de tan noble liza, y sobre todo desde que se puso en venta el cuadro de la *Concepcion*. El religioso silencio que reinaba en los salones era interrumpido al proclamarse cada oferta por atronadores aplausos, y por último al adjudicarse lienzo tan codiciado al Muséo del Louvre, la excitacion general, y especialmente el entusiasmo de los franceses, no reconocieron límites, siendo el conde de Nieuwerkerke victoreado con frenesí.

Lord Hertford fué el ilustre Inglés que tuvo la gloria de combatir, casi hasta el último instante, con las Naciones que por medio de sus comisionados tomaron parte en esta gigantesca lucha, que hará época en los fastos del Arte.

Créo de este lugar advertir, para que no se confundan, como se ha hecho recientemente en una obra sobre Murillo, que en el mismo salon del Louvre en que se admira el cuadro de la *Concepcion* á que he aludido, se ve otro, bello tambien, del propio autor, representando á la Santísima Vírgen en el mismo Misterio, y en el cual aparecen varios Sacerdotes adorándola, que fué adquirido por Luis XVIII en 1817, mediante el precio de 6.000 francos, ó séa de 22.800 rs.

(7). Si solo escritores extrangeros de escasa importancia y oscura fama presentásen de diversa manera de como son en sí los hechos de nuestra historia no causaría maravilla, pero lo que verdaderamente pasma es que hombres eminentes, como, por ejemplo, Thiers y Lamartine, incurran en tan grave falta y pequen hasta tal punto de ligeros, cuando debia suponerse, y su misma reputacion daba derecho á esperarlo y aun á exigirlo, que sus obras habian de hallarse en todo á la altura de su ilustre nombre y no habia de consignar su pluma si no aquello de que tuvieran plena conciencia.

Baste recordar que la descripcion del combate de Trafalgar hecha por el primero en su Historia del Consulado y el Imperio, cuando aún vivian centenares de los que habian tomado parte en él, puso en el caso á nuestro Gobierno de intervenir en que se publicase una extensa vindicacion del comportamiento de la Marina Española en aquel heróico desastre, tales y de tanto bulto eran las inexactitudes y falsas suposiciones en ella consignadas; y que el segundo en su Historia de las Dos Restauraciones dice con un aplomo inconcebible que en la batalla de Bailen combatieron contra sus compatriotas *tropas inglesas* y milicias del país, cuando ni un solo soldado inglés concurrió á aquel gran triunfo de nuestras armas, ni tomó parte activa ejército alguno de la Gran Bretaña en nuestra gloriosa guerra de la Independencia hasta cuatro meses más adelante, segun es notorio al mundo todo. Si así se expresan estos historiadores tratándose de hechos que casi han pasado ante nosotros, ¿qué fé debe concederse para tomarlos como texto, á aquellos otros, igualmente extrangeros y así antiguos como modernos, que, sobre narrar sucesos de nuestra historia ya remotos, conocidamente se inspiran en sentimientos de odio nacional ó antagonismo religioso?

(8). Apelo para comprobar cuanto afirmo en esta estrofa tocante á Felipe II, no ya al testimonio de aquellos de sus contemporáneos, que como Luis Cabrera en su Historia de este Monarca, Porreño en sus Dichos y Hechos del mismo, y otros autores, pudieran ser recusados por algunos á título de panegiristas suyos, si no al de escritores modernos tan sincera y profundamente liberales como el último Duque de Frías y como D. Evaristo San Miguel y D. Martin de los Héros. Ellos principalmente son los que me han dado á conocer en toda su verdad la gran figura histórica de aquel Príncipe. El primero en la magnífica poesía á su muerte, premiada por el Licéo de Madrid; el segundo en la historia que de él escribió y á que en una nota anterior me he referido; el tercero en su Bosquejo de un viaje histórico é instructivo de un Español en Flándes, escrito precisamente con motivo de su emigracion por liberal, y que ojalá leyeran aquellos que tienen formada de Felipe II una idéa enteramente contraria á la verdad. Allí verían cuanto distaba de ser tirano ni ménos fanático y enemigo del saber, como se han complacido en presentarlo, manchando su memoria, escritores extrangeros, hijos justamente de paises en que á la sazon imperaba el más atroz fanatismo y en los cuales, á nombre de la libertad religiosa, se quemaba y degollaba á los que tenian la candidez de creer que estaban en su derecho usando de la libertad que se proclamaba para opinar como les pareciese justo. La Inquisicion misma, cuyo modo de proceder no encuentro muy conforme en verdad con el espíritu de una religion de paz y amor como la nuestra, por más que dado el criterio de su época y teniendo en cuenta la importante consideracion *política* expuesta por Lista en su introduccion á la parte de historia moderna de la universal del Conde de Segur, por él traducida, lo conciba, aunque no lo ensalce; la Inquisicion misma, repito, no fué un hecho aislado en nuestra España, fué solo la forma que en ella adoptó la intolerancia religiosa á la sazon *popular* y reinante en toda Europa, y no causó por cierto, ni con mucho, las víctimas que ya la arbitrariedad, ya los tribunales creados al efecto, ya las revueltas y las guerras ocasionaron en otros países, cuyos escritores, olvidándose de esto ó acaso para separar de ellos la atencion, pretenden arrojar, como á título de privilegio exclusivo, la nota de intolerantes y fanáticos sobre los Españoles y muy particularmente sobre su Rey Felipe II, que no fué por cierto quien introdujo la Inquisicion en España ni en Flándes.

Cuando algunos pretenden comparar á este Monarca con Luis Onceno de Francia, ¡qué error tan craso cometen! ¡Qué diferencia, qué contraste tan radical entre la grandeza y el espíritu de justicia del primero, y la crueldad y las rastreras artes del segundo; entre el sumiso y respetuoso hijo de Cárlos V, y el hijo rebelde de Cárlos VII; entre este complaciéndose en la sociedad de hombres viles, feroces é ignorantes, y aquel en la comunicacion con los varones más eminentes, así en ciencias como en ártes, de su tiempo; entre el que llenaba los caminos de hombres ahorcados de los árboles, y el que los veía llenos de sus súbditos que acudian á su paso para aclamarlo como á Padre de su pueblo; entre el uno rodeado de una guardia extrangera y de todo género de lazos y defensas en su castillo de Plessis-les-Tours, y

el otro durmiendo tranquilo en medio de sus vasallos en un apo-
sento bajo de su palacio de Madrid y separado solo de sus Españoles por los cristales de una vidriera; entre Luis Onceno dominado por ridículas supersticiones, y Felipe II llevando á cabo
muchos de sus viajes y empresas en Mártes para manifestar cuán
poco caso hacia de aquellas y procurar con su ejemplo, en este
y otros casos, desacreditarlas entre sus súbditos; entre el Monarca francés lleno de terror en su última enfermedad ante la
idéa de la muerte y llamando á su lado á San Francisco de Pau-
la solo para que le prolongase la existencia, y el Soberano español expirando con heróica fortaleza, y haciendo que acudiera
á presenciar sus últimos instantes su hijo y heredero para que
viese en qué acababan el Mundo y sus Monarquías!

¡Qué magnífico paralelo podia escribirse entre ambos Prín-
cipes! Y cuenta que no desconozco lo que la constitucion de la
nacionalidad de su patria debe al francés, semejante en esto al
español que evitando en nuestro suelo una guerra religiosa, género de lucha el más sangriento y horrible de todos, logró man-
tener incólume su unidad, y tuvo además la gloria de comple-
tarla realizando la ibérica.

Séame licito recordar ahora una octava del Duque de Frías,
la más magnífica que á mi juicio se ha escrito en castellano, to-
mada de su ya dicha poesía, y en cuyos ocho versos se condensa
con una concision, una energía, una belleza de formas y una
exactitud y grandeza incomparables la historia toda del largo y
glorioso reinado de Felipe II. Héla aqui:

> Fué del Prudente Rey el poderío
> De Moros y de Herejes escarmiento,
> Firme rival del Támesis umbrío,
> Duro azote del Sena turbulento,
> Gloria del Trono, de la Iglesia brío,
> Temido en Flándes, respetado en Trento,
> Y desde el mar de Luso á la Junquera
> Hubo un cetro, un altar y una bandera.

Y aquella otra, no ménos rotunda y llena de nérvio, en que despues de rebatir la calumnia de que el gran Rey hubiera hecho dar muerte al Príncipe D. Cárlos, exclama:

Esta es, oh mundo, la verdad entera:
No hay que escuchar á la impostura impía;
La voz de la verdad es duradera
Más que el eco de pérfida falsía,
Cuando del Duque de Alba la guerrera
Espada á los rebeldes combatía,
Hizo cundir por su marcial falange
Esa calumnia el Príncipe de Orange.

(9). Esta poesía y la siguiente fueron escritas y pronunciadas en dos de los banquetes anuales con que la oficialidad del Cuerpo de Artillería en que tengo la honra de servir, celebra tradicionalmente la solemnidad de su Patrona Santa Bárbara.

(10). Es esta una de las pocas composiciones, de entre las primeras mías, á que he dado cabida en la presente coleccion, y sólo ha debido salvarse de la ley comun á mi deséo de tributar insertándola un recuerdo á un antiguo Profesor mío en el Colegio de Artillería, el entónces Capitan D. Hipólito Munárriz, muerto siendo ya Coronel hace pocos años. Noticioso á mi salida del Colegio de mi amor al cultivo de la poesía deseó que hiciéramos juntos una composicion en que alternase lo grave con lo jocoso, género éste á que él tenia particular aficion, y pusimos por obra su pensamiento con motivo de la marcha de una dama á la Córte, desde Segovia donde á la sazon nos hallábamos y donde aquella habia pasado el verano, segun acostumbraba. Resultó el juguete á que hace referencia esta nota, en que las redondillas impresas en caractéres ordinarios son mías, y las que aparecen en letra bastardilla del malogrado Munárriz, y el cual he insertado en esta coleccion solo, como ántes he dicho, por recordar la memoria de mi Profesor y amigo.

26

(11). En una proclama ó manifiesto publicado en Mayo de
1863 por los gefes de la valerosa insurreccion polaca, al enume-
rar las glorias de Polonia para excitar á Europa á acudir en su
auxilio, se citaba el triunfo de Somosierra, no muy oportuna-
mente en verdad, pues ni el mérito de este fué grande ni era
muy del caso recordar la participacion de su pátria en una empresa encaminada á avasallar la independencia de otra nacion.

El Prócer á que me refiero es, como se habrá comprendido,
el ilustre Duque de Rivas, honra de nuestra poesía contemporá-
nea, malamente herido por lanceros polacos un año despues del
choque de Somosierra, en el reconocimiento de Ontígola, que
precedió á la desastrosa batalla de Ocaña, glorioso episodio de
la vida del esclarecido vate, á que este alude en el Romance suyo, que empieza:

> Con once heridas mortales,
> Hecha pedazos la espada,
> El caballo sin aliento
> Y perdida la batalla.

(xi). Al decir que el nombre del popular novelista Fernan
Caballero se extiende de polo á polo no he incurrido ciertamente
en ninguna exageracion poética. Gran número de distinguidos
literatos españoles han dedicado importantes estudios á sus
obras, y fuera de nuestro país los escritores franceses MM. de
Mazade, de Latour, Germond de la Vigne y Auguste Dumas,
entre otros; el ilustre aleman Fernando Wolf; el eminente
crítico de la importante publicacion británica titulada *Edin-
bourgh Review*; el anglo-americano Ticknor, tan entendido en
cuanto á nuestra literatura se refiere, han dado á luz interesan-
tes y concienzudos juicios sobre el gran novelista.

Hasta hoy son tres las ediciones que se han hecho de sus
obras completas en español, sin contar las que separada-
mente se han publicado de algunas de ellas, y las muchas veces que han reproducido todas los periódicos; ocho son las tra-

ducciones que se están publicando en francés de las mismas; tres salen á luz en aleman, una en bohemo, otra en holandés, otra en inglés, y otra en ruso, siendo así mismo muchos los periódicos que en estos paises y en Bélgica, Italia y América las han insertado en sus columnas.

(12). Escribióse este Soneto en Junio de 1860, en época en que se hablaba de ciertos planes de division del territorio español para anexionar á Francia la parte de allende el Ebro,

(13). Pronunciado en el banquete con que los Oficiales de Artillería residentes en Sevilla solemnizaban la festividad de su Santa Patrona el 4 de Diciembre de 1857, cuando acababa de nacer el Príncipe de Asturias.

(14). Las expediciones á que aludo en este Soneto, escrito y publicado á fines de 1858, son la que ya entonces habia empezado á realizarse con feliz éxito á Cochinchina, y las que á consecuencia de atentados cometidos contra Españoles en la República Mejicana y en las costas del Riff, se preparaban á la sazon y no llegaron á ser necesarias por haberse avenido á dar las satisfacciones exigidas por nuestro Gobierno, tanto el de Méjico como el Sultan de Marruecos.

(15). La nota precedente casi excusa la primera parte de esta. Los triunfos que siguieron en el imperio de Cochinchina ó sea de Annam, á la toma de Turana, y el tratado Mon-Almonte entre España y Méjico, celebrado á fines de 1859, justifican el verso en que se encuentra la llamada á que corresponde esta nota.

La segunda parte de ella está reducida á manifestar que los cuatro Generales cuyos nombres aparecen en el penúltimo verso de este Soneto, inspirado principalmente por la toma de Tetuan, resultado brillante de la gloriosa campaña que nuevas ofensas de los Marroquíes obligaron al fin á nuestro Gobierno á emprender en aquel territorio, levantando tan alto el nombre de nuestra Pátria, que Europa consideró á esta como resucitada, son los que, ya mandando el Ejército, ya los Cuerpos de Ejército, ya la Escuadra, tuvieron la fortuna de concurrir á la reñida batalla del 4 de Febrero de 1860, de que fué consecuencia inmediata la rendicion de la ciudad citada. Los Generales Zabala y Echagüe por su enfermedad contraida en la campaña el uno y por hallarse ocupando el otro con su Cuerpo de Ejército el Serrallo se vieron privados de tomar parte en aquella funcion de guerra.

(16). Aunque hijo de Extremadura y de su capital Badajoz y teniéndolo á grande honra, con tanto mayor motivo cuanto que siendo extremeña mi familia paterna no debí á la casualidad haber nacido en tan gloriosa provincia, y en ella reposan las cenizas de mis abuelos, derramó su sangre por la Patria mi buen Padre, dió heróicamente la vida por tan santa causa uno de sus hermanos, y mandaron con honor varios de mis mayores y entre ellos aquel, Gobernador Militar y Político que fué durante ocho años de Badajoz, donde aún no se ha borrado su digna memoria, no vacilé al escribir en 1859 este Soneto en calificar á Sevilla como en él lo hago, ni ménos vacilo en seguir calificándola del mismo modo. Residente yo en la capital de Andalucia por razon de mi carrera desde muy poco despues de haber entrado en mi mayor edad, enlazado dentro de sus muros á la que es compañera de mi vida, estando establecido y arraigado ya en ella, honrándome con pertenecer á su Real Maestranza y á sus Cuerpos literarios y artísticos, y siendo ademas ahora esta insigne ciudad pátria de mi hijo, bien puedo considerarla como la segunda mía, sin que esto arguya desvío hácia la que lo es verdadera, y á la cual revelan mi amor ardiente más de una de mis poesías y más de uno de mis actos.

(17). Cupo á mi Abuelo materno, en nuestra guerra de la Independencia, la gloria de cooperar eficazmente en 14 de Junio de 1808, á la rendicion en la bahía de Cádiz, su ciudad natal, donde se hallaba con la escuadra de su mando, de los cinco navíos y una fragata que componian la francesa del Almirante Rosilly, de cuya persona se hizo seguidamente cargo, devolviéndole su espada con proceder caballeresco, en la cubierta del Navio *Héroe* de su insignia, pasando á él con este objeto desde la del *Príncipe de Astúrias* en que arbolaba mi Abuelo la suya. Nombrado en seguida de este honroso hecho de armas Representante de España en Inglaterra, contribuyó aun más eficazmente al feliz éxito de aquella inolvidable lucha y al vencimiento definitivo del primer Napoleon proporcionando todo género de auxilios á la cáusa nacional; cooperando al regreso á España desde Dinamarca de las leales tropas del Marqués de la Romana; celebrando en 9 de Enero de 1809 con la Gran Bretaña el tratado de paz, amistad y alianza que aun subsiste, y gestionando con el mejor resultado que se hicíese así mismo la paz entre aquella Potencia y Rusia, de donde provino la declaracion de guerra de esta á Francia y la que despues le hicieron Austria y Prusia, dando por término la paz general y que Europa, y acaso el mundo civilizado, se vieran libres de la insaciable ambicion napoleónica.

Cantar este resultado tiene por fin el Soneto á que se refiere esta nota, recordando al propio tiempo el hecho de armas y la celebracion del tratado á que he aludido.

(18). El hecho memorable de abandonar la poblacion entera de Gibraltar sus bienes y hogares al apoderarse en 1704 de aquella plaza, á la sazon casi de todo punto desguarnecida y peor pertrechada, la escuadra anglo-holandesa del Almirante Rooke, por no consentir la lealtad y el patriotismo de sus hijos continuar habitando una ciudad que no se hallaba ya bajo el dominio de su Rey, segun á este significaron en solemne documento, es tan grande y heróico en su línea como grande y heróica en la suya la inmortal resolucion de los moradores de Numancia y de Sagunto. A España toca perpetuar su memoria por medio de un monumento en San

Roque, cabeza durante un siglo de las poblaciones á que dió orígen el rasgo sublime de los naturales de Gibraltar, y en la cual,
que á la sazon era solo una ermita, se constituyó su ilustre
Ayuntamiento, denominándose de Gibraltar residente en su
campo.

Pero aun así no quedaría España libre de deuda, porque
otro monumento exijen además de ella, no ya sólo la lealtad
de que, al abandonar lo que más caro les era, dieron tan generoso testimonio los habitadores de la ciudad arrancada á los Árabes
por Guzman el Bueno, vuelta á conquistar por Alonso de Arcos
y defendida despues heróicamente contra vasallos rebeldes á su
Rey por Estéban de Villacréces, si no la honra, la dignidad,
hasta el interés mismo de la Patria. Ese monumento no es otro
que la bandera nacional ondeando en la ciudad perdida. Miéntras esto no se re:·lize, la desaparicion de sus muros de la que
hoy tremola en ellos debe ser para los Españoles todos, como ya
en otra ocasion he dicho, el *Delenda est Carthago* del orador
romano.

(19). Con los mismos consonantes que este Soneto y al propio asunto compusieron otros tres, en igual ocasion y en no
ménos breve tiempo, mis queridos amigos los Sres. Marqués de
Cabriñana, Fernández-Espino y Justiniano, poetas cuyos nombres
basta consignar para que se comprenda el mérito de las composiciones á que aludo, y las cuales no copio á continuacion por no
hacer más largas estas notas, que van siéndolo ya demasiado. Los
cuatro Sonetos se insertaron en el tomo sexto de la Revista
de Ciencias, Literatura y Artes que á la sazon se publicaba en
Sevilla, y á él remito al lector.

ÍNDICE.

CPSIA information can be obtained at www.ICGtesting.com
Printed in the USA
BVOW09s1025030915

416441BV00013B/117/P

9 781275 594456